# HERMENÊUTICA

**Dados Internacionais de Catalogação na Publicação (CIP)**
**(Câmara Brasileira do Livro, SP, Brasil)**

Schleiermacher, Friedrich D.E.

Hermenêutica – Arte e técnica da interpretação / Friedrich D.E. Schleiermacher; tradução e apresentação de Celso Reni Braida. 10. ed. – Petrópolis, RJ : Vozes, 2015. – (Coleção Pensamento Humano).

Título original: Hermeneutik.

4ª reimpressão, 2024.

ISBN 978-85-326-2188-7

1. Hermenêutica I. Braida, Celso Reni. II. Título.

97-0070                                                                                          CDD-110

Índices para catálogo sistemático:
1. Hermenêutica : Metafísica : Filosofia     110

**Friedrich D.E. Schleiermacher**

# HERMENÊUTICA

Arte e técnica da interpretação

Tradução e apresentação
Celso Reni Braida

Petrópolis

Tradução do original em alemão intitulado
*Hermeneutik*, editado por Heinz Kimmerle, Heidelberg, Carl Winter
Universitätsverlag, 1959. Partes desta edição aqui publicadas:
*II – Hermeneutik Ersler Entwurf von 1809-10; IV –
Die gesonderte Darstellung des zweiten Teils von 1826-27; V –
Die Akademiereden von 1829.*

© desta tradução:
1999, Editora Vozes Ltda.
Rua Frei Luís, 100
25689-900 Petrópolis, RJ
www.vozes.com.br
Brasil

Todos os direitos reservados. Nenhuma parte desta obra poderá ser reproduzida ou transmitida por qualquer forma e/ou quaisquer meios (eletrônico ou mecânico, incluindo fotocópia e gravação) ou arquivada em qualquer sistema ou banco de dados sem permissão escrita da editora.

**CONSELHO EDITORIAL**

**Diretor**
Volney J. Berkenbrock

**Editores**
Aline dos Santos Carneiro
Edrian Josué Pasini
Marilac Loraine Oleniki
Welder Lancieri Marchini

**Conselheiros**
Elói Dionísio Piva
Francisco Morás
Gilberto Gonçalves Garcia
Ludovico Garmus
Teobaldo Heidemann

**Secretário executivo**
Leonardo A.R.T. dos Santos

**PRODUÇÃO EDITORIAL**

Aline L.R. de Barros
Marcelo Telles
Mirela de Oliveira
Otaviano M. Cunha
Rafael de Oliveira
Samuel Rezende
Vanessa Luz
Verônica M. Guedes

**Conselho de projetos editoriais**
Luísa Ramos M. Lorenzi
Natália França
Priscilla A.F. Alves

*Diagramação*: Sheilandre Desenv. Gráfico
*Capa*: WM design

ISBN 978-85-326-2188-7

Este livro foi composto e impresso pela Editora Vozes Ltda.

# SUMÁRIO

*Apresentação*, 7

I – Discursos acadêmicos [1829]: Sobre o conceito de hermenêutica, com referência às indicações de F.A. Wolf e ao Compêndio de F. Ast, 23

II – Hermenêutica, primeiro projeto [1809-1810], 65

III – Exposição separada da segunda parte [1826-1827], 91

# APRESENTAÇÃO

A história da formação da hermenêutica, enquanto arte e técnica de interpretação correta de textos, começa com o esforço dos gregos para preservar e compreender os seus poetas e desenvolve-se na tradição judaico-cristã de exegese das Sagradas Escrituras. A partir do Renascimento fixam-se três tipos básicos de técnica de interpretação: hermenêutica teológica (*sacra*), filosófico-filológica (*profana*) e jurídica (*juris*). Os estudos de hermenêutica de Friedrich D.E. Schleiermacher estão inseridos tanto na tradição exegética da teologia protestante como no renascimento dos estudos de filologia clássica, no final do século XVIII. Neles encontramos o antigo ideal exegético de reconstituir o sentido original de um texto. Todavia, esse ideal aparece reorientado por uma exigência filosófica de extração kantiana[1], qual seja, a de analisar as condições gerais sob as quais a compreensão ocorre e de fornecer as razões do processo de interpretação. A sua investigação procura fundamentar o procedimento a partir de um conceito geral de compreensão. Esse conceito será imediatamente associado, em meados do século XIX, ao problema epistemológico da justificação metodológica das ciências humanas.

A hermenêutica de Schleiermacher, colocada por A. Boeckh[2] (1785-1867) e por J.G. Droysen[3] (1808-1884) como base das ciências histórico-filológicas, é posta por W. Dilthey como fundamento geral das ciências humanas ou ciências do espírito, contra a pretensão hegemônica da metodologia positivista das ciências naturais experimentais. Desse modo, estabeleceu-se uma inteligibilidade própria às ciências humanas, *compreensiva*,

---

1. RICOEUR, P. *Du texte à l'action*: Essais d'herméneutique II. Paris: Seuil, 1986, p. 78.
2. *Enzyklopädie und Methodenlehre der philologischen Wissenschaften* [organizado por E. Bratsucheck, 1877].
3. *Grundriss der Historik*, 1868.

distinta daquela das ciências naturais, *explicativa*, quantitativa e indutiva. Enquanto as ciências explicativas buscam determinar as condições causais de um fenômeno através da observação e da quantificação, as ciências compreensivas visam a apreensão das significações intencionais das atividades históricas concretas do homem. Esse modelo de racionalização, retirado da interpretação de textos, no mesmo movimento que estabelece a *apreensão do sentido* como essência do método das ciências humanas, delimita o alcance da metodologia das ciências naturais, questionando, acima de tudo, o próprio conceito de objetividade científica. Isso se mostra nas determinantes específicas desse modelo: a inseparabilidade de sujeito e objeto, uma vez que a compreensão hermenêutica se dá pela inserção daquele que compreende no horizonte da história e da linguagem, as quais são aquilo mesmo que deve ser compreendido; o condicionamento de toda expressão do humano a um determinado horizonte linguístico, o que inclui também o resultado da compreensão, portanto, a própria ciência; a circularidade entre o todo e o particular, ou a mútua dependência constitutiva entre a parte e a totalidade, que impossibilita a compreensão por mera indução; e, por fim, a referência a um ponto de vista, ou pré-compreensão, a partir do qual se institui todo conhecimento, que estabelece a prioridade da pergunta sobre a resposta e problematiza a noção de dado empírico puro.

Nas reflexões de Schleiermacher, como se verá, tais questões já aparecem como determinantes do conceito de compreensão. Elas serão uma referência principal para o desenvolvimento posterior da problemática das ciências humanas e da consciência histórica. Como concepções *compreensivas*, pode-se incluir tanto a sociologia de M. Weber, a psicanálise de S. Freud, a metodologia empírico-qualitativa na historiografia ("Oral History") e, também, pelas discussões atuais, as próprias bases metodológicas das ciências naturais, na perspectiva de Th.S. Kuhn. A hermenêutica contemporânea, por sua vez, reconhecerá em Schleiermacher o seu precursor, devendo à problemática por ele desenvolvida grande parte de suas orientações. O problema da compreensão aparece, assim, no núcleo de obras como *Ser e tempo*

[*Sein und Zeit*, 1926] de M. Heidegger, *Verdade e método* [*Wahrheit und Methode*, 1961] de H.-G. Gadamer, *Do texto à ação* [*Du texte à l'action*, 1986] de P. Ricoeur. Por fim, na obra de E. Betti, *Teoria geral da interpretação* [*Teoria generale della interpretazione*, 1955], a determinação da "metodologia hermenêutica" parte explicitamente das indicações de Schleiermacher[4].

## 1. Vida e obra

Friedrich Daniel Ernst Schleiermacher, teólogo, filólogo e filósofo alemão, nasceu em Breslau no dia 21 de novembro de 1768, e morreu em Berlim em 12 de fevereiro de 1834. Pertencente a uma família de pastores protestantes, foi educado numa comunidade de irmãos morávios, ingressando em 1785 no Seminário de Barby, onde iniciou seus estudos de teologia. A partir de 1787 estabeleceu-se em Halle, continuando a sua formação teológica, ao mesmo tempo que estudava filosofia e filologia. Ordenou-se em 1794, e foi por dois anos predicador auxiliar em Landsberg. Entra em contato com o grupo de românticos, principalmente F. Schlegel e E. Herz. Publica, sob pseudônimo, a sua primeira grande obra, *Sobre a religião* [*Über die Religion*, 1799] e, logo a seguir, a obra *Monólogos* [*Monologen*, 1800], ambas dedicadas ao problema da religião. Em 1801 publica a primeira série de seus *Sermões* [*Predigten*]. A este período da vida intelectual de Schleiermacher, Dilthey chamou de época intuitiva[5]. A partir de 1802 inicia o período crítico, o qual coincide com o seu ingresso no professorado, com a sua aceitação do cargo de professor extraordinário de teologia em Halle, no ano de 1805. Publica a obra *Esboço de uma crítica das doutrinas éticas* [*Grundlinien einer Kritik des bisherigen Sittenlehre*,

---

**4.** Cap. III, p. 291-292.
**5.** *Leben Schleiermachers*. Berlim, 1970 [edição de M. Redeker].

1803] e vários textos menores sobre religião e teologia. Nesta época inicia a tradução dos diálogos de Platão, juntamente com F. Schlegel. Em 1807 volta a Berlim, convidado por Humboldt, contribuindo ativamente na fundação da Universidade de Berlim, em 1809, na qual ingressou como titular de teologia em 1810. Ali lecionou por vinte e quatro anos, concorrendo com Fichte (1810-1814) e Hegel (1818-1831). Este foi o período mais produtivo de Schleiermacher, consolidando a sua reputação. Os seus discursos *Sobre a religião* são reeditados três vezes (1806, 1821 e 1831) e os *Monólogos* duas vezes (1822 e 1829). Publica ainda *A festa de natal* [*Die Weihnachtsfeier*, 1806; 2. ed., Berlim, 1826] e *A fé cristã segundo os princípios da Igreja evangélica* [*Der christliche Glaube nach den Grundsätzen der evangelischen Kirche*, 1822; 2. ed., 1830-1831]. Além dessas obras, Schleiermacher publicou vários textos menores sobre religião e uma série de monografias histórico-filológicas, as quais contribuíram decisivamente para o renascimento dos estudos de Platão em particular e da filosofia clássica grega em geral. Além da *Introdução aos diálogos de Platão*, destacam-se as monografias: *Heráclito, o obscuro de Ephesos* (1808); *Diógenes de Apolonia* (1814); *Sobre Anaximandro* (1815); *Sobre as obras éticas de Aristóteles* (1817); *Sobre os comentários gregos à Ética a Nicômaco* e *Sobre o valor de Sócrates* (1819).

Os textos de filosofia e hermenêutica, contudo, permanecem não publicados. Os amigos e admiradores, após sua morte, encarregaram-se de editar o que ele mesmo deixou apenas manuscrito. Foram então publicadas, entre outras, em 1835, por A. Schweizer, *Projeto de um sistema da doutrina ética* [*Entwurf einer System der Sittenlehre*]; F. Lücke, *Hermenêutica e crítica* [*Hermeneutik und Kritik*, 1838]; L. Jonas, *Dialética* [*Dialektik*] e H. Ritter, *História da filosofia* [*Geschichte der Philosophie*, 1839]; A. Twesten, *Compêndio de ética filosófica* [*Grundriss der philosophischen Ethik*, 1841]; C. Lommatzsch, *Estética* [*Ästhetik*, 1842]; C.A. Brandis, *A doutrina do Estado* [*Die Lehre vom Staat*, 1845]; C. Platz, *Doutrina da educação* [*Erziehungslehre*, 1849]; L. George, *Psicologia* [*Psychologie*,

1864]. Em 1864 completou-se a publicação das *Obras completas* [*Sämtliche Werke*], em 33 volumes, assim organizados: *I – Zur Theologie*, vol. 1-13; *II – Predigten*, vol. 14-23; *III – Zur Philosophie und vermischte Schriften*, vol. 24-33.

## 2. Hermenêutica e dialética

Schleiermacher, não obstante o espírito idealista de seu tempo, pensou sob o signo da unificação do "realismo com o idealismo", o que para ele significava pensar juntos o universal e o particular, o ideal e o histórico. A dialética, enquanto filosofia principal, responsável pela exposição do saber (Wissen) na sua forma ideal, pressuposta por todo saber concreto, ao invés de ser exercida com base numa pretensão a um saber absoluto, deveria antes expor o processo de formação de um saber sempre provisório. Mesmo sendo a exposição dos princípios do pensar puro ou, seguindo Platão, do diálogo interior[6], a dialética está circunscrita a um determinado âmbito linguístico[7] e, por conseguinte, está limitada em sua pretensão de universalidade. Schleiermacher trabalha sobre a pressuposição de uma incontornável relatividade do pensamento (Relativität des Denkens) que tem como consequência a relatividade do saber[8]. Os seus argumentos são a inseparabilidade de pensamento e linguagem[9] e a inexistência ou impossibilidade de uma linguagem universal[10]. A própria linguagem seria a fonte da relatividade. Trata-se de uma relação de complementaridade: "sem linguagem não se daria ne-

---

**6.** SCHLEIERMACHER. *Dialektik* (1814-1815); *Einleitung zur Dialektik* (1833); editado por Andreas Arndt, Hamburg, Meiner, 1988, p. 117 (abreviatura *Dial.*).

**7.** Ibid., p. 126.

**8.** *Dial.*, p. 84, 97 e 109.

**9.** "[...] dass Denken und Sprechen identisch sein muss"; SCHLEIERMACHER. *Hermeneutik und Kritik: mit e. Anh. sprachphilos. Texte Schleiemachers.* Frankfurt-am-Main, Suhrkamp, 1977, p. 361 (abreviatura *Hk*) [editado por Manfred Frank].

**10.** "[...] gibt es keine allgemeine Sprache" (*Hk*, p. 461).

nhum saber, e sem saber nenhuma linguagem"[11]. Uma identidade absoluta do saber pressupõe uma absoluta linguagem universal, o que é impossível[12]. Tanto no pensamento puro como no saber, "a linguagem é a nossa pressuposição constante"[13]. Entretanto, isso que é a pressuposição geral não garante nem transparência nem controlabilidade totais, isto é, não é conhecível em sua totalidade, pois a linguagem é "um infinito indeterminado", na medida em que é algo histórico[14]. A identificação de pensamento e linguagem e a ideia de que "não há nenhum retroceder histórico a uma época onde todos os homens falavam a mesma língua"[15] e de que "não há uma linguagem universal" que escape à historicidade poderia ser minorada caso se aceitasse a possibilidade de uma linguagem ideal construída. Schleiermacher, no entanto, recusa terminantemente essa via[16]. Toda linguagem contém em si um modo de intuir ou uma repartição prévia do que é dito, na medida em que se institui à base de uma organização esquematizante[17]. O que significa dizer que a interpretação não se refere apenas às expressões linguísticas, mas antes que a própria linguagem interpreta o real. "Linguagem comum não pode iniciar senão como intuição comum"[18]. Por outro lado, Schleiermacher coloca na base da formação dos conceitos e juízos, dos quais o saber se constitui, uma circularidade semelhante àquela atribuída às palavras e frases: o juízo pressupõe conceitos, e os conceitos, por sua vez, pressupõem os juízos[19].

---

11. *Hk*, p. 364-365.
12. Ibid., p. 465.
13. "Die Sprache ist unsere konstante Voraussetzung" (*Hk*, p. 458).
14. *Hk*, p. 80; "es liegt uns keine Sprache ganz vor, selbst nicht die eigene Muttersprache", *Hk*, p. 84.
15. *Dial.*, p. 126.
16. *Hk*, p. 368 e 461.
17. Ibid., p. 458.
18. Ibid., p. 369.
19. *Dial.*, p. 28-29.

Estas considerações levam Schleiermacher a postular uma dependência mútua entre dialética e hermenêutica[20], indicativo evidente de uma reformulação no plano sistemático, a qual M. Frank não hesita em designar como uma reflexão transcendental que "historiciza" e "linguisticiza" o próprio transcendental kantiano[21]. Nas palavras de H. Schnädelbach, ali inicia-se uma "transcendentalização da razão histórico-hermenêutica", o que "igualmente significa uma historicização da filosofia transcendental"[22]. Acrescente-se a isso a sua concepção de que o absoluto somente é apreendido pela intuição (Anschauung) e pelo sentimento (Gefühl), fundamentos da religião, bem como a sua ideia de que a arte é da ordem da imaginação, percebendo-se assim o quanto Schleiermacher está distante tanto da filosofia transcendental como do idealismo alemão em sentido estrito. A dialética, entendida como lógica filosófica, constitui tãosomente um aspecto da atividade especulativa (spekulative Tätigkeit), a qual também é a base da atividade poética. Filosofia e poesia constituiriam, desse modo, os dois direcionamentos da "livre produtividade na linguagem"[23].

O pensamento de Schleiermacher pode ser interpretado como uma reflexão sobre as relações entre o universal e o particular. O universal, para ele, nunca se oferece em si, mas sempre aparece sob uma forma particular; o particular, por sua vez, ao mesmo tempo que não se deixa subsumir inteiramente pelo universal, contém em si algo que ultrapassa a sua particularidade e manifesta a presença do universal. A dialética, "Kunst zu philosophiren"[24], enquanto lida com a possibilidade do pensamento em sua

---

20. Ibid., p. 110; *Hk*, p. 77, 384 e 411.
21. *Hk*, Introdução, p. 10.
22. *Philosophie in Deustschland 1831-1933*. Frankfurt-am-Main: Suhrkamp, 1991, p. 143.
23. "Freie Produktivität in der Sprache". *Vorlesungen über die Ästhetik*, apud *Hk*, p. 407.
24. *Dial.*, p. 4.

idealidade formal e enquanto "ciência da unidade do saber"[25], nunca escapa à temporalidade da linguagem em que se expressa, pois depende das possibilidades abertas por essa linguagem[26]. Daí a necessidade da complementação pela hermenêutica, a qual visa a apreensão do pensamento contido em um discurso particular. Por sua vez, a hermenêutica depende da dialética enquanto esta visa a exposição do pensamento em um discurso[27]. A hermenêutica, pode-se dizer, mostra os limites da dialética; esta, porém, mostra a possibilidade daquela. Justamente porque o universal sempre é pensado dentro das possibilidades de uma dada linguagem, a hermenêutica é essencial para a apreensão do pensamento, mesmo daquele que se perfaz no plano ideal-formal. O pensamento puro, não obstante ser caracterizado pela imutabilidade e universalidade, nunca se dá por si, mas sempre através de uma linguagem histórica, o que coloca a hermenêutica e a dialética em uma relação de interdependência também com a gramática, na medida em que na base está a operação de entendimento e comunicação linguística[28].

## 3. A teoria hermenêutica

A reflexão hermenêutica de Schleiermacher teve o seu impulso inicial determinado pela necessidade teórica de explicar e justificar um procedimento prático, qual seja, o da interpretação e tradução de textos antigos clássicos. Não obstante ser já uma arte bem antiga, a hermenêutica ainda não tinha recebido um tratamento sistemático que a constituísse em ciência. Antes, o que Schleiermacher encontra é um agregado de regras determinadas para objetos particulares, derivadas mais da prática do que de princípios, arranjadas mais em função de objetos especí-

---

25. *Hk*, p. 77.
26. Ibid., p. 77 e 126.
27. *Hk*, p. 411.
28. Ibid., p. 77.

ficos (religioso, jurídico, filológico, etc.) do que pelo conceito de compreensão, às quais, portanto, "faltava a verdadeira justificação"[29]. As obras de Wolf, Ast e, sobretudo, de Ernesti, não propiciavam o que Schleiermacher esperava. Desta insatisfação surgiu a necessidade filosófica de elaborar uma hermenêutica geral (allgemeine Hermeneutik) que não apenas contivesse as regras e a explicação do procedimento interpretativo enquanto tal, mas antes e sobretudo fornecesse "as razões"[30] das regras e do procedimento, portanto, da arte da compreensão em geral. Ao invés de perguntar como se interpreta este ou aquele tipo de texto, ele passa a perguntar pelo que significa em geral interpretar e compreender e como isto ocorre. Uma vez respondida estas questões se poderia, então, derivar as regras gerais e específicas. Trata-se de uma consideração filosófico-teórica da operação hermenêutica, não mais determinada pelo objeto, e, sim, pelas condições, isto é, pelo "como" de sua efetivação.

A concepção preliminar de hermenêutica, a saber, como "arte da compreensão correta do discurso de um outro"[31], traz já uma delimitação e uma generalização, na medida em que circunscreve o objeto ao domínio da linguagem falada ou escrita e, por outro lado, deixa de lado todas as divisões tradicionais dos discursos. Como já foi aludido, através de um único movimento Schleiermacher desloca a hermenêutica do domínio técnico e científico, estabelecendo-a no domínio filosófico, argumentando que a arte de compreender está internamente conectada com a arte de falar e com a arte de pensar. "Visto que a arte de falar e compreender (correspondente) estão contrapostas uma à outra, e falar é, porém, apenas o lado exterior do pensamento, assim a hermenêutica está conectada com a arte de pensar e, portanto, é filosófica"[32].

---

**29.** Cf. abaixo, p. 25, nota 1.
**30.** Cf. abaixo, p. 26.
**31.** "Die Kunst, die Rede eines andern richtig zu verstehen", *Hk*, p. 75.
**32.** "Da Kunst zu reden und verstehen (korrespondierend) einander gegenüberstehen, reden aber nur die äussere Seite des Denkens ist, so ist die Hermeneutik im Zusammenhang mit der Kunst zu denken und also philosophisch".

## 4. A compreensão metódica

A compreensão foi concebida por Schleiermacher como uma reconstrução histórica e divinatória dos fatores objetivos e subjetivos de um discurso falado ou escrito[33]. A prática natural da arte da compreensão, em que se baseava a hermenêutica iluminista, tem como pressuposição a ideia que a compreensão se produz por si mesma e, portanto, que o esforço consiste em "evitar o mal-entendido". Esta opinião está fundada na pressuposição de uma identidade da linguagem e do modo de combinação dos pensamentos, entre o falante e o ouvinte[34]. Entretanto, a arte da compreensão, enquanto esforço consciente e metódico, sobre o qual a hermenêutica geral deve refletir, parte da pressuposição oposta, a saber, "que o mal-entendido se produz por si e que a cada ponto a compreensão deve ser desejada e buscada"[35]. Note-se que a prática metódica está previamente determinada pela necessidade de justificação racional e consciente da operação interpretativa. Ela de modo algum pressupõe que sempre haja "diferenças de linguagem" e "diferenças de pensamento" entre o falante e o ouvinte, entre o escritor e o leitor[36]. Muito pelo contrário, "ela parte da diferença da língua e do modo de combinação, a qual deve seguramente repousar sobre a identidade"[37]. A prática metódica se distingue, por conseguinte, da prática natural pelo fato de ser regida pela exigência de fornecer as razões da compreensão alcançada. O seu princípio expressa, então, uma dúvida metódica que visa o controle das compreensões imediatas, logo, das pré-compreensões. A suspensão da atitude natural permite a revelação da distância ou diferença entre o escritor e o leitor. A superação dessa diferença é o objetivo da operação hermenêutica em sua totalidade. Os dois tipos de interpretação indicam a existência

---

**33.** Cf. abaixo, p. 93s.
**34.** *Hk*, p. 92.
**35.** Ibid.
**36.** Ibid.
**37.** Ibid.

de duas fontes de diferenças e distanciamentos, e os dois métodos prescrevem dois modos de dominá-las. Não obstante postular a infinitude da tarefa, Schleiermacher pensa sob a pressuposição da compreensão, a qual, todavia, pode ser incorreta de múltiplos modos.

A recuperação objetiva (gramatical) de um discurso consiste na reativação da sua significância (Bedeutsamkeit) a partir do conjunto de regras sintático-semânticas da língua, tal como ela era em geral praticada na comunidade de falantes à qual pertence o seu autor. A regra principal prescreve: "tudo o que necessita de uma determinação mais precisa em um dado discurso apenas pode ser determinado a partir do domínio linguístico do autor e de seu público original"[38]. Esta regra somente tem sentido quando se concebe a linguagem como algo dinâmico ou histórico, de tal modo que ela nunca está disponível em sua totalidade para um indivíduo qualquer. Esta é a principal origem do distanciamento histórico entre o leitor e um texto, indicando que *a priori* todo texto aparece como indeterminado, pois nada permite esperar uma identidade sintático-semântica. A segunda regra, porém, diz: "o sentido de uma palavra em uma determinada passagem deve ser determinado a partir do contexto onde ela ocorre"[39]. O pressuposto aqui é que "cada parte do discurso, material ou formal, é indeterminada em si"[40], e que a determinação do sentido preciso de uma parte depende de sua correlação com as outras partes concomitantes. Portanto, "o sentido não está nos elementos isolados, mas apenas em sua concatenação"[41], o que significa dizer que o sentido do conjunto não é a mera soma dos significados dos elementos. Seja uma palavra ou uma frase, quando isolada ela tem apenas um significado (Bedeutung) indeterminado e indefinido (múltiplo); ela terá um sentido (Sinn) preciso, por-

---

38. Ibid., p. 101. Cf. abaixo, p. 79 e 88-89.
39. Ibid., p. 116. Cf. abaixo, p. 79 e 89-90.
40. Ibid., p. 101.
41. Ibid., p. 129.

tanto, um sentido unívoco, quando estiver no interior de um conjunto de frases coordenadas, o qual delimita um único uso dentre os vários possíveis[42].

Um discurso, porém, também representa uma ação individual do seu autor (Tat seines Urhebers). Sob essa perspectiva, o fator objetivo (a linguagem) aparece unicamente como um instrumento manipulado segundo regras subjetivas. A recuperação do momento subjetivo de um discurso, a interpretação psicológica, procura compreender "como o autor opera na linguagem" ou o seu modo de uso particular[43]. Esta é a outra fonte de estranhamento entre o leitor e o texto. Pois, se a linguagem traz em si uma indeterminação e nunca está dada simultaneamente em sua totalidade, não se pode saber *a priori* como um indivíduo a utiliza[44]. O modo de emprego individual, o estilo, não pode ser construído *a priori*. O seu conceito tem que ser construído caso a caso. Por fim, deve-se notar que a interpretação psicológica de modo algum consiste em um tipo extralinguístico de apreensão do autor e seu pensamento, pois os "fatos do pensamento" têm que se manifestar como "modificação da linguagem"[45]. Também para a interpretação psicológica vale que "tudo o que pode ser um problema para a hermenêutica é parte de uma frase"[46].

Em ambas as perspectivas a compreensão não está garantida de antemão e envolve-se em circularidades[47] que se sobrepõem,

---

42. *Hk*, p. 64 e 106.
43. Ibid., p. 167-168.
44. Ibid., p. 172.
45. Ibid., p. 79.
46. "Pois, por onde conheço eu o homem senão apenas através de seu discurso, tanto mais que em referência a este discurso?" Cf. abaixo, p. 93.
47. L. Fontaine-De Visscher indica seis níveis: entre a ocorrência de uma palavra e a ordem da frase; entre a frase e o discurso; entre o discurso e a obra completa do autor; entre a obra e o conjunto da vida total do autor, bem como o conjunto da literatura de sua época; entre a vida e o conjunto da obra do autor e a mentalidade (espírito) geral da época; e, por fim, entre o espírito da época do autor e o espírito da época do intérprete (cf. o artigo intitulado "Le rôle du sujet dans l'interprétation. Une nouvelle lecture de Schleiermacher avec Manfred Frank". *Revue Philosophique de Louvain*, n. 84 (1991) 606-634).

produzindo indeterminações elimináveis apenas sob o ponto de vista de um procedimento infinitamente reiterado. A efetivação da compreensão objetiva e subjetiva sempre é provisória. Pois, um discurso dado é o produto do entrecruzamento da "totalidade da linguagem" (Gesamtheit der Sprache) e da "totalidade da vida do autor" (Ganzen seines Lebens), as quais nunca se dão inteira e simultaneamente. Schleiermacher estabelece dois métodos de eliminação do estranho: o divinatório e o comparativo. O método divinatório "busca apreender o individual imediatamente"[48], enquanto o comparativo parte do genérico e procura detectar o particular por contraste. Entretanto, essa adivinhação do que o outro quis dizer ou pensou numa dada passagem "alcança a sua certeza apenas através da comparação, sem a qual ele sempre poderá ser fantasioso", de tal modo que "os dois não podem ser separados um do outro"[49], pois a comparação pressupõe sempre já uma pré-compreensão imediata do que será comparado.

A apreensão do pensamento do outro, logo, a compreensão correta do discurso alheio, se realiza através da compreensão da linguagem em que ele expressou o seu pensamento. Não há outra via de acesso ao que o outro quis dizer senão o seu discurso, ou seja, o seu uso de uma linguagem para expressar alguma coisa ao ouvinte. O que se pressupõe e o que se encontra em hermenêutica é apenas linguagem[50] (doch am Ende alles vorauszusetzende und alles zu findende Sprache ist). Mais ainda, "o resultado da operação hermenêutica é novamente linguagem"[51]. Nos três casos, note-se, não se trata da linguagem em geral, mas sempre de uma linguagem utilizada, logo, de um discurso. Isto significa estabelecer a linguagem enquanto discurso como o objeto, o instrumento e o resultado da hermenêutica. Por isso B. Rössler pode justamente afirmar que "apenas em Schleiermacher se encontra uma concepção (da hermenêutica) que tem a pretensão de ser

---

**48.** Ibid., p. 169.
**49.** Ibid., p. 170.
**50.** *Hk*, p. 56 e 94.
**51.** *Hk*, p. 55.

uma teoria da compreensão das expressões linguísticas"[52], em contraposição às concepções de Dilthey, Heidegger e Gadamer. Não obstante isso, a recepção do pensamento de Schleiermacher foi decididamente orientada pela ideia de interpretação psicológica e, principalmente, pela noção de "identificação empática" com o autor. Praticamente, poucos lembraram que essa aproximação assintótica ao autor do discurso fosse mediada pela linguagem, e que a "identificação objetiva e subjetiva com o autor", exigida por Schleiermacher, fosse sempre já mediada pelos seus escritos e relatos de sua vida e época[53]. No entanto, o objetivo final de sua hermenêutica é antes a compreensão do autor e não apenas a compreensão do texto enquanto texto, o que determina o enfoque teórico da hermenêutica romântica como psicológico.

## 5. Origem dos textos traduzidos

Schleiermacher, de 1805 a 1833, ministrou cursos regulares de hermenêutica, dos quais nos restam um conjunto de manuscritos, notas para cursos e discursos acadêmicos. A primeira publicação desses textos ocorreu em 1838, sob os cuidados de Friedrich Lücke, discípulo e amigo de Schleiermacher, no VII volume das obras completas, com o título *Hermeneutik und Kritik mit besonderer Beziehung auf das Neue Testament*. Esta edição tem por base um manuscrito de 1819 e anotações dos cursos redigidas por estudantes. A recepção clássica do pensamento hermenêutico de Schleiermacher ocorreu a partir dessa obra. Em 1977, Manfred Frank reorganizou e editou uma nova versão da edição de Lücke, acrescentando novas anotações do próprio Schleiermacher e um complemento com nove textos extraídos de outras obras. Em 1959, Heinz Kimmerle, orientado

---

**52.** *Die Theorie des Verstehens in Sprachanalyse und Hermeneutik*: Untersuchungs am Beispiel M. Dummetts und F.D.E. Schleiermachers. Berlim: Duncker und Humblot, 1990, p. 19.

**53.** *Hk*, p. 94.

por H.-G. Gadamer, reeditou os manuscritos originais sob o título *Hermeneutik*, deixando de lado as anotações dos estudantes. Além dos manuscritos da edição de Lücke são acrescentados alguns fragmentos inéditos, bem como os "Discursos acadêmicos" antes publicados em um volume diferente. Na introdução de sua edição, Kimmerle explica os títulos e a origem dos seis manuscritos publicados: 1) "Os aforismos de 1805 e 1809": texto manuscrito de 16 páginas, intitulado "Zur Hermeneutik 1805 und 1809", constituído de pequenos aforismos. A sua redação corresponde ao primeiro curso de hermenêutica e contém já a divisão: introdução, primeira parte e segunda parte; 2) "Hermenêutica, primeiro projeto": texto de 17 páginas, sem indicação de data. Trata-se de anotações da segunda versão do curso e provavelmente foi redigido em meados de 1809-1810, contendo a introdução geral e a primeira parte sobre a interpretação gramatical; 3) "Hermenêutica, exposição abreviada": manuscrito de 44 páginas, de 1819, intitulado "Hermeneutik". Este texto foi a base da edição de Lücke; 4) "Segunda parte. Da interpretação técnica": manuscrito de 8 páginas, intitulado "Zweiter Teil. Von der technischen Interpretation", redigido provavelmente em 1826-1827; 5) "Discursos acadêmicos": texto de 17 páginas, intitulados "Über den Begriff der Hermeneutik, mit Bezug auf F.A. Wolfs Andeutungen und Asts Lehrbuch". Trata-se de dois discursos proferidos na plenária da Academia de Ciências da Prússia, nos dias 13 de agosto e 22 de outubro de 1829; 6) "Notas marginais de 1832-1833": constituído pela reunião das notas acrescentadas por Schleiermacher aos textos de 1819 e 1826-1827.

A presente tradução apresenta três textos da edição de Kimmerle, a saber, o texto de 1809-1810, contendo a "introdução" e a "primeira parte"; o texto de 1826-1827, contendo a "segunda parte"; e o texto de 1829, contendo os "Discursos acadêmicos". Apresentamos os textos priorizando os "Discursos acadêmicos", uma vez que eles constituem os únicos textos que foram preparados pelo autor para uma exposição pública. Desse modo, pensamos tornar a leitura mais acessível. A edição de Kimmerle contém um aparato crítico, visando distinguir o texto manuscrito original das anotações posteriores, bem como as correções introduzidas pelo editor. Nós mantivemos estas indicações entre colchetes ([...]), que indicam agora apenas as anotações e correções do próprio Schleiermacher, com exceção das notas tipográficas que foram aceitas e incorporadas ao texto. Mantivemos, em pé de página, as frases e passagens substituídas. Os textos originais não foram preparados para uma edição por parte do autor e, por isso, contêm inúmeras falhas na pontuação e ortografia como também várias frases inacabadas e palavras ilegíveis. A tradução conserva esse caráter e somente foram aceitas aquelas correções propostas por Kimmerle relativas à ortografia e à pontuação. O nosso objetivo foi o de propiciar um primeiro contato com os textos hermenêuticos de Schleiermacher. Nessa perspectiva, a versão aqui apresentada constitui um exercício de aproximação e pretende ser um convite à discussão e à interpretação do pensamento de Schleiermacher em particular, e da hermenêutica em geral.

Finalmente, os meus agradecimentos vão para o Professor Dr. Hans-Georg Flickinger, pelas orientações e conselhos que permitiram a realização deste trabalho, e para Sandra Helena de Souza por seu apoio incondicional.

*Celso R. Braida*
Florianópolis, 1995.

# I – DISCURSOS ACADÊMICOS [1829]
## Sobre o conceito de hermenêutica, com referência às indicações de F.A. Wolf e ao Compêndio de F. Ast

## A.

### [Lidos em 13 de agosto de 1829]

[Muitas[1], talvez a maioria, das atividades que compõem a vida humana suportam uma gradação tríplice em relação à maneira como elas são executadas: uma, o é de modo inteiramente mecânico e sem espírito; outra, se apoia em uma riqueza de experiências e observações e, finalmente, outra que, no sentido literal da palavra, o é segundo as regras da disciplina. Entre estas

---

1. Antes dessa anotação estava escrito: "Quando, mais ou menos há vinte e cinco anos atrás, eu comecei a ministrar, em Halle, cursos de exegese sobre os textos neotestamentários, considerei como indispensável fornecer uma justificação dos princípios do procedimento com a maior exatidão possível, [para avançar com segurança na interpretação e tornar claro e firme o meu juízo sobre os outros intérpretes.] Verdade é que não faltavam preceitos relativos à interpretação, e a *Institutio interpretis* de Ernesti, considerada fruto de uma escola filológica excelente, gozava de uma grande consideração, e muitas regras ali enunciadas se mostravam muito úteis, mas lhes faltava a verdadeira justificação, pois os princípios gerais não estavam postos em nenhuma parte; desse modo, eu precisei me engajar numa via própria. De uma maneira geral, como minha cadeira na universidade tinha sido atribuída de uma forma inteiramente inesperada, eu me encontrava constantemente na obrigação de ensinar o que eu havia recém-investigado e acabado de reunir e organizar parcamente; foi assim que destas investigações nasceram os cursos sobre a hermenêutica geral. Quando eu as reuni pela primeira vez sob a forma de um esboço, apareceu a *Enciclopédia filológica* de Fülleborn, oriunda dos cursos de Wolf; entretanto, como o pouco de hermenêutica que ali se encontrava dizia respeito ainda especialmente às obras da Antiguidade Clássica, eu encontrei ali pouco com que me satisfazer, e não me restou senão continuar na minha própria via, seguida até então. Esta foi produzida através de cursos várias vezes repetidos, os quais, em parte por causa da inépcia e da má sorte que me são próprias, nem chegaram ao estado de um compêndio, nem antes nem depois algo de suficiente foi posto sobre o papel. E como eu não sei se um tal compêndio irá aparecer, não será ruim que eu redija ao menos qualquer coisa, mesmo que seja de maneira isolada e fragmentária. E assim eu quero utilizar a presente conferência para fixar um pouco o ponto de vista a partir do qual eu tratei este domínio, para o que algumas considerações sobre as proposições essenciais que se encontram nos dois escritos citados serão bastante úteis".

me parece incluir-se também a interpretação, desde que subsumo sob esta expressão toda compreensão de discurso estranho. A primeira e mais elementar encontramos não apenas cotidianamente no mercado público e na rua, mas também em muitos círculos sociais onde se trocam modos de falar sobre assuntos comuns, tal que o falante quase sempre sabe com certeza o que o seu interlocutor responderá, e a fala é apanhada e devolvida como uma bola. A segunda parece ser o estágio no qual nós em geral estamos. Assim é praticada a interpretação em nossas escolas e faculdades, e os comentários esclarecedores dos filólogos e teólogos – pois ambos têm o campo previamente cultivado –, contêm um tesouro de observações e informações instrutivas, as quais provam suficientemente o quanto eles são verdadeiros artistas na interpretação, ao passo que seguramente ao lado deles, sobre o mesmo assunto, em parte nas passagens mais difíceis, emerge o mais selvagem arbítrio, em parte a mediocridade pedante insensivelmente omite ou tolamente deturpa o mais belo. Mas, ao lado de todos esses tesouros, aquele que precisa exercer este trabalho sem se colocar no nível dos artistas indiscutíveis e, além disso, ao mesmo tempo deverá na interpretação mostrar o caminho a uma juventude ávida de saber e lhe dar as diretivas, este experimenta o desejo de uma instrução tal que, como metodologia propriamente dita, não somente que ela seja o fruto sempre alcançado dos trabalhos magistrais dos artistas nesse domínio, mas que ela exponha também sob uma forma adequada e científica toda a extensão e as razões de ser do processo. Eu mesmo fui levado a procurar uma tal introdução, tanto para mim mesmo como para meus ouvintes, quando pela primeira vez eu tive que fazer cursos de interpretação. Mas foi em vão. Não apenas a quantidade não insignificante de sumas teológicas – mesmo se algumas dentre elas, como o livro de Ernesti, foram consideradas os produtos de uma escola filológica distinta – mas também o pequeno número de ensaios puramente filológicos deste gênero não parecem ser senão coleções de regras particulares reunidas por meio destas observações dos mestres, algumas vezes claramente definidas, outras beirando à indefinição, arranjadas ora confusamente ora comodamente. Eu esperava algo melhor quando apareceu a *Enciclopédia filológica* de Fülleborn[2], oriunda dos cursos de Wolf; contudo, sua parca substância hermenêutica não tinha mesmo a tendência a querer esboçar um todo – a não ser que com a ajuda de alguns traços; e como o que se oferecia estava ali ainda, como que natural, aplicado especialmente às obras da Antiguidade Clássica, do mesmo modo que estas limitadas ao domínio particular das Sagradas Escrituras na maioria dos tratados, eu não me encontrava melhor satisfeito do que antes.

Os ensaios mencionados no título, desde então, constituem o que foi editado de mais importante nesse domínio. Uma vez que Wolf representa entre nós o espírito mais sutil da filologia, a sua genialidade mais livre, e que o Sr. Ast se esforça em proceder sempre como um filólogo que opera as combinações filosoficamente, deve ser assim mais instrutivo e fecundo justapor os dois autores. E assim pareceu-me mais útil para o presente, seguindo estes guias, associar às suas considerações minhas próprias ideias sobre o problema.]

Wolf evita a forma sistemática em todo o seu ensaio, sem dúvida voluntariamente, [seja porque de uma maneira geral ele evitou tudo o que pudesse parecer pedante e deixava aos outros a tarefa de coligir, com esforço e pouca sutileza, o que ele antes deixava cair com delicadeza e distinção do que disseminava], seja também apenas porque ele não considerava esta forma como apropriada ao lugar do ensaio, uma revista destinada a receber abordagens variadas sem nenhuma consideração sistemática[3]. O Sr. Ast, ao contrário, prescreve-se esta forma; e ele nos explica logo de início que, sem espírito filosófico, nenhuma teoria pode ser comunicada cientificamente. Entretanto, como Wolf nos assegura que o conteúdo de sua exposição foi destinado a servir de introdução a uma enciclopédia filológica, então faz-se

---

**2.** 1769-1803 – *Encyclopaedia philologica*, 1789 [N.T.].

**3.** O ensaio de Wolf foi publicado na revista *Museum der Altertumswissenschaft*, publicada por ele mesmo e P. Buttmann [N.T.].

necessário que o particular tenha sido pensado e por conseguinte também expresso nessa perspectiva e, portanto, nós estamos igualmente autorizados, no que lhe diz respeito, a considerar o que ali se encontra como a sua teoria autêntica[4].

[Na medida em que] Wolf trata a gramática, a hermenêutica e a crítica, [as três em conjunto,] como estudos preparatórios, que abrem o acesso à esfera das disciplinas propriamente filológicas, como um órganon da ciência da Antiguidade e que, de outra parte, Ast[5] quer tratar as mesmas disciplinas como apêndices [a um esboço ainda não publicado] de filologia, [os dois autores não se encontram de todo afastados um do outro; pois também a opinião de Ast, se bem que ele não explica as modalidades deste apêndice, não pode ser senão esta: que] a exposição da filologia o conduziu à necessidade [de um tratamento científico dessas três disciplinas.] [Ninguém ousaria, sem dúvida, negar o parentesco preciso entre gramática, crítica e hermenêutica, o que ambos concordam em afirmar. Contudo, como eu devo agora deixar de lado as duas primeiras, gostaria de assegurar um outro lugar à última. Como obras-primas do discurso humano, as obras da Antiguidade Clássica são certamente os mais excelentes e os mais veneráveis entre os objetos com os quais lida ordinariamente a arte de interpretar. Entretanto, é inegável que muitos daqueles que têm praticado esta arte com grande sucesso provieram sobretudo das Sagradas Escrituras dos cristãos, as quais

---

**4.** Nesse ponto a seguinte frase foi riscada: "E uma vez que, por outro lado, o Sr. Ast concebia os seus princípios da gramática, hermenêutica e crítica como um apêndice de um esboço de filologia, assim ele também tratou o nosso objeto específico do mesmo modo que aquele (Wolf) e a associação de ambos pode ser então útil de muitos modos."

**5.** A passagem seguinte até "[...] órganon da teologia cristã" foi acrescentada como substituição a: "Ast queria tratar estas disciplinas como apêndice da filologia, mas queria – não obstante ele ali não se explicar – dizer a mesma coisa, a saber, que a exposição desta conduz à necessidade daquelas. Eu, ao contrário, como muitos outros antes de mim, cheguei à mesma hermenêutica partindo dos estudos neotestamentários, que não são estudos ricos para os filólogos, e se eu pudesse proceder tal como Wolf fez ali, então eles seriam tão bem, com muitos outros estudos preparatórios, um semelhante órganon da teologia".

não são de fato muito ricas para o filólogo. Se, para estes estudos, se registrasse também uma enciclopédia, nossa arte formaria indiscutivelmente do mesmo modo], em associação com muitos outros estudos preparatórios, um semelhante órganon da teologia cristã. Se esta arte é uma coisa para a teologia cristã e a mesma coisa para a ciência clássica da Antiguidade, então, nem uma nem a outra constitui a sua essência, mas esta é qualquer coisa maior, da qual estas são apenas derivações. Verdade é que apenas os filólogos clássicos e os teólogos filólogos praticaram nossa disciplina. [A hermenêutica jurídica não é completamente a mesma coisa. Ela lida, na maior parte das vezes, com a determinação da extensão da lei, isto é, com a relação dos princípios gerais com o que neles não foi concebido claramente.] E Ast poderia quase me levar a pretender que ela tenha também seu verdadeiro assento apenas nesses dois domínios. Pois, desde o começo, em seus preceitos fundamentais, ali onde ele expõe a tarefa da compreensão, ele nos conduz até a este cume mais elevado que é a unidade do espírito e conclui com a afirmação de que o fim de toda a nossa atividade espiritual é a produção da unidade da vida grega e cristã, e que, portanto, a hermenêutica não terá, sem dúvida, outra coisa a fazer que tratar desses dois objetos. E se, de um lado, ela introduz à ciência da Antiguidade e, de outro, à teologia cristã, as duas coisas se efetuariam unicamente no espírito da unidade de ambas. Se, agora, ela tivesse a ver ainda com o orientalismo, que é sabidamente a indiferenciação dos dois antes da separação e, por outro lado, com a literatura romântica, que reside manifestamente na aproximação à unidade de ambas, nós chegaríamos ao mesmo resultado com uma grande facilidade. [Pois, se o orientalismo e a literatura romântica são domínios igualmente fechados, como a filologia clássica e a literatura sagrada, nós teríamos então uma quádrupla hermenêutica, cada uma configurada de maneira especial como órganon para uma esfera determinada, para as quais, porém, deveria haver qualquer coisa de comum e de mais elevado. Mas, ao tentar me elevar a essas alturas], eu tenho medo da sombra de Wolf. Este se lamenta, nas poucas frases que ele consagra à hermenêutica, que esta seja ainda muito imperfeita enquanto teoria, e cita pesquisas ainda omissas para a sua fundamentação, as quais não estão totalmente situadas em lugares vertiginosos, mas em regiões intermediárias, a saber, pesquisas sobre o significado das palavras, o sentido das frases, o encadeamento da fala. Ele diz ainda, a título de consolação, que esta incompletude não atrapalha muito, uma vez que os resultados contribuiriam em verdade muito pouco para acordar a genialidade do intérprete ou para elevar a sua habilidade intelectual. Ele quer assim, a título de advertência, indicar ali a diferença que se deve introduzir entre as teorias, tal como tinham os antigos, que facilitavam a produção, nesse caso a tarefa da interpretação, e estas a que nós modernos somos inclinados, teorias que se aprofundam nos desenvolvimentos obscuros da natureza interior da arte e seus primeiros fundamentos, mas pelas quais nada se deixa produzir. [Eu temo que aqui seja visada, entre outras, a diferença pela qual eu comecei; a teoria científica pura será aquela que não produz nada, a útil será somente aquela que reúne as observações em vista de um fim. Ora, me parece ainda, sem dúvida, que, de uma parte, a segunda tem necessidade de algo mais para determinar o domínio de utilização para as suas regras, o que sem dúvida a primeira deverá permitir; de outra parte, eu sou da opinião que esta, quando ela] fica apenas na natureza e nos fundamentos da arte, que é o seu objeto, sempre terá alguma influência sobre o exercício desta mesma arte[6]; todavia, como eu não quero colocar em jogo a aplicabilidade da teoria, prefiro abandonar o guia especulativo em seu voo e seguir o mais prático.

Ora, este declara desde o início, [na verdade a declaração não se encontra no início, mas entre parêntesis, porém, ele declara todavia] que a hermenêutica é a arte de descobrir os pensamentos de um autor, de um ponto de vista necessário, a partir

---

**6.** Antes da inserção da correção: "Sobre isso certamente eu tenho algumas dúvidas; detesto quando uma teoria fica apenas na natureza e nos fundamentos da arte, que é seu objeto, porque ela sempre terá alguma influência sobre o exercício dessa mesma arte".

de sua exposição. Nesse caso, uma boa parte do que eu esperava poder alcançar apenas no outro guia, [também neste] é salvo e me é dado; a hermenêutica não se exerce apenas no domínio clássico e não é um mero, [nesse domínio restrito,] órganon filológico, mas ela pratica o seu trabalho em toda parte onde existirem escritores e, assim, os seus princípios devem também satisfazer todo este domínio, e não remontar apenas à natureza das obras clássicas. O Sr. Ast não me indica isso facilmente com uma explicação tão bem redigida, ao contrário, eu preciso procurar as diversas partes. O primeiro conceito que ele estabelece é o de algo estranho, o qual deve ser compreendido. Na verdade, ele anula este conceito em sua inteira nitidez, e seguramente se o que é para ser compreendido fosse completamente estranho àquele que deve compreender, e não houvesse nada de comum entre ambos, então, não haveria ponto de contato para a compreensão. Porém, eu posso obviamente concluir que este conceito subsiste, como algo relativo, e então seguir-se-ia que, assim como no caso precedente, [quando tudo fosse absolutamente estranho,] a hermenêutica não saberia entabular o seu trabalho. Do mesmo modo no caso oposto, a saber, quando nada fosse estranho entre aquele [que fala e aquele que ouve][7], ela não precisaria ser entabulada, antes a compreensão seria dada simultaneamente com a leitura e a audição, ou talvez sempre já dada divinatoriamente e, portanto, completamente autocompreendida por si mesma.

Eu estou inteiramente de acordo em encerrar a tarefa da hermenêutica entre esses dois pontos, porém, confesso também que quero reivindicar para ela este domínio em sua totalidade e dizer que, em todo lugar onde houver qualquer coisa de estranho, na expressão do pensamento pelo discurso, para um ouvinte, há ali um problema que apenas pode se resolver com a ajuda de nossa teoria, [se bem que, sem dúvida, sempre apenas na medida em que houver já algo de comum entre ele e aquele que fala]. Todavia, meus dois guias me limitam de vários modos: um,

---

7. "Aquele que fala e aquele que ouve" substitui o original "Subject und dem Object".

na medida em que ele fala apenas de escritores, os quais devem ser compreendidos, [como se o mesmo não ocorresse também na conversação e no discurso imediatamente ouvido]; o outro, na medida em que ele logo limita o estranho àquilo que está redigido em língua estrangeira, e, deste modo, às obras do espírito assim redigidas, o que constitui um domínio ainda mais restrito que aquele dos escritores em geral. [Pois, quantas coisas não há que nós apreendemos somente a partir de ensaios escritos, nos quais o conteúdo intelectual não é tão grandioso; a partir de narrativas que se aproximam da maneira corrente de apresentar os pequenos incidentes na conversação cotidiana, permanecendo bastante distante da maneira artística de escrever história; ou a partir de cartas de estilo mais íntimo e mais negligente; e obviamente também nestes ocorrem problemas hermenêuticos cuja dificuldade não é pequena. De resto, receio eu, todavia,] que Wolf também não quis dizer outra coisa que o Sr. Ast[8] e que, no caso de eu lhe perguntar se os escritores, tal como os redatores de jornais e aqueles que compõem toda sorte de anúncios, são objetos da arte de interpretar, ele não teria me tratado de modo muito amigável. Seguramente, nesses casos muitas coisas são tais que nada pode ser estranho entre o autor e o leitor; no entanto, sempre ocorrem exceções, e eu não consigo perceber por que a transformação em algo próprio do que ali é estranho poderia ou deveria acontecer de modo diferente do que pertence a um escrito mais metódico.

Do mesmo modo, nas formas de transição facilmente demonstráveis – pois existem formas, p. ex., os epigramas, que não se distinguem significativamente de um artigo de jornal – seria

---

**8.** Antes da correção: "Este último me é particularmente desagradável. Pois, se apenas tais produções literárias devem ser objeto da hermenêutica, os quais pertencem aos grandes talentos ou à arte em sentido elevado e rigoroso, o que seria das Sagradas Escrituras? Abstraindo o sentido muito particular no qual elas são chamadas obras do espírito – e isto nada tem a ver com a nossa questão – não se pode afirmar a seu respeito nem um nem outro. As narrativas se aproximam mais do modo como nós contamos nas conversas cotidianas os pequenos incidentes do que a uma redação metódica da história, e o mesmo se pode dizer das cartas doutrinárias. Desse modo, a hermenêutica fica limitada, não restando nenhuma aplicação sua a esses livros, não obstante os seus autores serem escritores. E eu acredito que também Wolf não pensava muito diferente do Sr. Ast".

impossível separar esses domínios um do outro, bem como dois métodos ou teorias diferentes. Sim, eu tenho que repetir outra vez que a hermenêutica não deve estar limitada meramente às produções literárias; pois eu me surpreendo seguidamente no curso de uma conversação [familiar] realizando operações hermenêuticas, quando eu não me satisfaço com o nível ordinário da compreensão, mas procuro discernir como, em um amigo, pode se dar a passagem de uma ideia a outra, ou quando questiono acerca das opiniões, juízos e tendências que fazem com que ele se expresse, sobre um assunto de discussão, deste modo e não de outro. Tais fatos, que todo homem atento deverá sem dúvida testemunhar naquilo que lhe concerne, manifestam bastante claramente, penso eu, que a solução do problema, para o qual nós estamos procurando justamente a teoria, não depende absolutamente de que o discurso esteja fixado para os olhos através da escrita, mas ocorre sempre onde nós temos que apreender pensamentos ou encadeamentos de pensamentos através de palavras. Tampouco isto se limita aos casos em que a língua é uma língua estrangeira, mas também na própria língua e, note-se, inteiramente independente dos diversos dialetos nos quais ela eventualmente se decompõe, ou de particularidades que se encontram em um e não em outro, existe para cada um o estranho nos pensamentos e expressões de um outro, e isto nas duas exposições, a oral e a escrita. Sim, eu confesso que tenho essa prática da hermenêutica no domínio da língua materna e no relacionamento imediato com os homens como uma parte muito essencial da vida das gentes cultas, abstraindo de todo estudo filológico ou teológico. Quem poderia conviver com pessoas espiritualmente distintas sem que se esforçasse para entender entre as palavras, como nós lemos entre as linhas dos escritos inteligentes e densos, quem não desejaria fazer uma consideração precisa de uma conversação significativa, suscetível de facilmente tornar-se de vários modos também uma ação importante, quem não procuraria nesse caso colocar em relevo os pontos salientes e apanhar o seu encadeamento interior, e seguir todas as discretas insinuações? [E Wolf, sobretudo, que é um desses em matéria de conversação, que tanto oferece, mas mais por insinuação do que por declaração, mais por acenos do que por insinuações, certamente não pode ter desejado desdenhar de ser apreendido de modo hábil, para que se soubesse tanto quanto possível o que ele pensa a cada vez.] Esta arte de observar e interpretar dos homens vividos e experimentados politicamente, quando seu objeto é o discurso, [deveria então] ser inteiramente diferente desta que nós empregamos em nossos livros? Tão diferente que ela repousaria sobre outros princípios e não seria suscetível de uma exposição tão elaborada e metódica? Eu não creio nisso, mas somente enquanto dois diferentes empregos da mesma arte, de modo que em uns certos motivos são mais ressaltados e outros ofuscados, e inversamente no outro. Eu gostaria de [ir ainda mais longe e afirmar que os dois não estão tão afastados um do outro a ponto de aquilo que importa sobretudo a um pudesse faltar ao outro. Particularmente, porém, eu quero, para permanecer mais naquilo que nos interessa nesse momento, fornecer ao intérprete de obras escritas o conselho urgente de exercitar com zelo a interpretação das conversações significativas. Pois, a presença imediata do falante, a expressão viva que manifesta a participação de todo o seu ser espiritual, a maneira como ali os pensamentos se desenvolvem a partir da vida em comum, tudo isto estimula, muito mais do que o exame solitário de um texto inteiramente isolado, a compreender uma sequência de pensamentos, simultaneamente como um momento da vida que irrompe e como uma ação conectada com muitas outras, mesmo aquelas de gêneros diferentes. E é justamente este aspecto que, na explicação do escritor, mais é deixado para trás e mesmo na maioria das vezes inteiramente negligenciado. Quando nós comparamos os dois, eu diria, vemos antes duas partes e não duas formas da mesma tarefa. Ali onde nós somos detidos pelo estranho da língua, nós empreendemos seguramente investigações sobre esta; mas a língua pode nos ser completamente familiar e nós nos encontrarmos, mesmo assim, detidos pelo fato de não podermos apreender o encadeamento das operações do falante. Se os dois casos ocorrem ambos parcamente, então o problema pode ser insolúvel.]

Mas eu retorno às explicações discutidas, e devo agora, no que concerne à de Wolf, ao menos para toda hermenêutica que eu seja capaz de elaborar, erguer um protesto contra a expressão segundo a qual os pensamentos do autor devem ser descobertos com um conhecimento necessário. Não que esta exigência, em geral, me pareça excessiva; pois, para um grande número de casos ela não me parece exagerada, porém, eu receio que em se apresentando assim [a explicação] se perca de vista os outros casos, aos quais [esta fórmula] não convém inteiramente, os quais eu não desejaria deixar de lado. Em muitos casos, pode-se certamente provar que uma palavra não pode ter senão um significado bem determinado em um dado contexto – se bem que a prova dificilmente se realiza sem as pesquisas sobre a natureza do significado das palavras que Wolf talvez facilmente deixa de lado. Obviamente se pode também, sem dúvida, por imbricação recíproca de tais provas elementares, provar o sentido de uma frase de maneira satisfatória, mas somente quando se tem um ponto de referência exterior a este círculo. Mas quantos outros casos há – e estes são antes de tudo a cruz da interpretação neotestamentária – onde não resta lugar para uma evidência necessária, justamente porque é provável, a partir de um dos pontos de apoio, uma coisa diferente daquilo que o é a partir de um outro. Também no domínio da crítica acontece seguidamente que os outros não sabem opor nada que seja diferente ao resultado de um estudo aprofundado, enquanto possibilidades ainda subsistentes. Naturalmente tais demonstrações não conduzem a grande coisa; mas enquanto uma única de tais possibilidades não estiver completamente descartada, não se pode falar de conhecimento necessário. Se nós avançamos e pensamos em como é sempre difícil demonstrar, nas grandes partes de um conjunto, o encadeamento dos pensamentos, e apresentar os suplementos escondidos e insinuações por assim dizer perdidas.

    Então, [não importa somente, como Wolf o apresenta, a reunião e a ponderação minuciosa dos momentos históricos, mas nisso adivinhar o modo de combinação individual de um autor, o qual teria, sendo diferente, na mesma posição histórica e na mesma forma de exposição, oferecido um resultado diferente. Nas coisas desse tipo, contudo,] a convicção pessoal pode ser muito firme e também se comunicar facilmente aos companheiros de mesma opinião e procedimento; mas, procurar-se-ia em vão impor a isto a forma de uma demonstração. E de modo algum isto é dito para denegrir tais descobertas, mas neste domínio vale antes admitir a palavra, aliás muito paradoxal, de um cérebro excelente que sempre vem nos salvar, a saber, que afirmar é bem mais do que provar. Trata-se de um tipo de certeza inteiramente diferente, também – como Wolf elogia na certeza crítica – mais divinatória, que surge quando o intérprete penetra tanto quanto possível na inteira disposição do escritor; [por isso, não é raro que as coisas se passem aqui de fato como o rapsodo platônico[9] por si mesmo, e muito ingenuamente, confessa: que ele é capaz de fornecer uma excelente explicação de Homero, mas que para um outro poeta ou prosador não pretende ter nenhuma iluminação verdadeira. Visto que, em tudo o que não depende apenas da língua, mas também de algum modo da situação histórica do povo e da época, o intérprete pode e deve se mostrar em tudo igualmente excelente, se ele tem à disposição a extensão adequada de conhecimentos. Naquilo que, ao contrário, depende da exata concepção do processo interior do autor, no momento do esboço e da composição, naquilo que é produto de sua originalidade pessoal na língua e do conjunto de suas relações, mesmo o intérprete mais hábil não terá sucesso perfeito senão para os autores que lhe são mais aparentados, apenas em seus autores favoritos com os quais ele está mais familiarizado, assim como na vida nós atingimos melhor este resultado com os amigos mais próximos, mas para os outros escritores ele se contentará nesse domínio menos consigo mesmo, e não terá vergonha de pedir conselho a outras pessoas do ramo e que estão mais próximas desses escritores. Poder-se-ia ser tentado a pretender que toda prática interpretativa devesse ser dividida, de tal maneira que uma categoria de intérpretes, mais orientada para a língua e a história que para as pessoas, examinasse de maneira igual todos os escritores de uma língua, mesmo se alguns deles se impusessem mais em uma zona e outros em uma outra; mas uma outra categoria, mais orientada pela observação das pessoas e considerando a língua apenas como meio pelo

---

9. PLATÃO. *Íon* 530-531 d. [N.T.].

qual aquelas se expressam, a história apenas como modalidades sob as quais elas existem, cada um se limitando unicamente aos autores que mais voluntariamente se abrissem a ele. E é possível que seja assim de fato, mas, visto que a sua arte não se deixa comunicar tão bem através de discussões, estes últimos não se distinguem tanto publicamente, mas usufruem em silêncio o prazer dos seus frutos. Que também Wolf, não obstante não tenha percebido esse aspecto, reivindicou,] ao menos em parte, para nossa disciplina [uma certeza mais divinatória que demonstrativa], é o que se segue de outras passagens; e uma dessas merece um exame mais preciso.

Se em seu Compêndio o Sr. Ast [reúne], com efeito, umas com as outras, sem lhes [associar] outra coisa, a gramática, a hermenêutica e a crítica, como conhecimentos complementares e, agora, como não temos diante de nós senão um apêndice, nós não apreendemos exatamente como elas se relacionam entre si; Wolf também não se satisfaz com este trevo, enquanto órganon da ciência da Antiguidade, e associa a ele ainda a habilidade do estilo e a arte da composição, e a métrica antiga também faz parte deste conjunto por causa da poesia. Contudo, à primeira vista, isto é muito surpreendente. Por minha parte eu estaria satisfeito se conseguisse, ao menos, lograr a habilidade no estilo antigo – e se trata deste somente, da composição nas línguas antigas – apenas como o fruto tardio de uma longa prática na ciência da Antiguidade. Pois, deve-se ter vivido no mundo antigo tanto e também vigorosamente quanto no presente, [deve-se] ter consciência viva de todas as formas que a existência humana de então e da constituição particular dos objetos circundantes, para realizar mais que a maioria, e fazer um elegante trançado com as fórmulas recolhidas, para configurar efetivamente, em representações gregas ou romanas, aquilo que nos impressiona no nosso mundo atual, e então restituir aquelas representações sob um aspecto o mais antigo possível. Como, então, Wolf vem nos exigir esta arte, como preço de acesso aos santuários da ciência da Antiguidade? E, então, por qual via honesta nós já o deveríamos ter conseguido? Se não há para isso meios mágicos, eu não vejo senão a tradição e uma aquisição feliz, não meramente imitativa, mas também divinatória, do procedimento daqueles que possuem, em última instância, esta habilidade apenas enquanto fruto de seus estudos. E isso nos conduziria a um belo círculo, pois nós não podemos, como é o caso da ininterrupta ordem apostólica, fazer derivar o nosso estilo em latim – e para esse fim nós deveríamos ter necessariamente também um estilo grego – daqueles que não tinham ainda outra língua materna que estas duas e, portanto, não possuíam a sua habilidade devido a um tal estudo, mas à vida imediata. [Do mesmo modo eu não acreditaria encontrar aqui a métrica diante da porta; ela me parece pertencer, como uma parte essencial da teoria antiga da arte, àquelas disciplinas mais inerentes à ciência da Antiguidade, na medida em que, associada à música e também estritamente à poética e trazendo consigo a teoria do ritmo da prosa e da declamação, representa todo o desenvolvimento nacional dos temperamentos no caráter dos movimentos conformes à arte.

Agora, entretanto, deixemos a métrica; mas, no que concerne à habilidade própria na composição antiga, a verdadeira chave desta exigência wolfiana é a seguinte. Ele não exige esta habilidade imediatamente para as disciplinas internas da ciência da Antiguidade, mas antes para a hermenêutica, para fins de compreensão correta e completa no sentido elevado da palavra, e também para a crítica, se bem que ele não acentue particularmente, mas isto se entende por si, bem como para a métrica. De sorte que o seu acesso ao santuário da ciência da Antiguidade novamente consiste de dois degraus: o inferior consiste na gramática, a qual ele coloca igualmente como fundamento da hermenêutica e da crítica, e, ao lado dela, a habilidade do estilo; a hermenêutica e a crítica formam o degrau superior. Agora, como Wolf apresenta a gramática em um estilo superior, e não com as dimensões truncadas que nós poderíamos exigir de alunos ao término de sua escolaridade, do mesmo modo ele não entende certamente por habilidade de estilo a redação latina, tal como esta se dá nos liceus, como imitação hábil e aplicação do conhecimento gramatical; mas é certo, por outro lado, que o autêntico manuseio antigo das duas línguas numa exposição original inteiramente livre seria glorificado apenas para aquele que percorreu toda a extensão das ciências da Antiguidade. Este grande homem poderia estar pensando em outra coisa que o conhecimento, tornado vivo graças ao exercício, das diversas formas de exposição e dos limites e liberdades que lhe são próprias? E este conhecimento tem certamente uma grande influência sobre aquele lado da arte de interpretar menos suscetível de demonstração, virada mais para a atividade espiritual do escritor; e se uma nova inteligência nos é justamente aberta acerca disso, sem dúvida Wolf deve ter também integrado este aspecto à sua imagem da interpretação, mesmo se na exposição ele não transparece com uma igual evidência. Mas a questão é essencialmente esta. Se nós vemos diante de nós as diferentes formas da arte da oratória e os diferentes tipos de estilo que se desenvolveram numa língua, definidas igualmente para as redações científicas e práticas, então, claramente toda a história da literatura se decompõe em dois períodos opostos, cujos caracteres igualmente se repetem depois, porém, de uma maneira subordinada.

O primeiro é aquele em que estas formas se constituem gradualmente; o outro é aquele em que elas dominam, e se a tarefa da hermenêutica consiste em reconstruir do modo mais completo a inteira evolução interior da atividade compositora do escritor, então, também é extremamente necessário saber a qual dos dois períodos ele pertence. Pois, se ele pertence ao primeiro, ele estava em toda esta atividade puramente nele mesmo, e então se deduzirá a intensidade de sua força produtiva e sua força na língua, que ele não produziu somente obras isoladas, mas que um tipo fixo na língua nasce em parte com e por ele. O mesmo vale, mas secundariamente, para todos aqueles que ao menos modificaram estas formas de maneira particular, e chegaram a elementos novos ou fundaram nelas um outro estilo. Ao contrário, quanto mais um escritor pertence ao segundo período, ele não engendra a forma, mas compõe e trabalha [nesta ou naquela] forma, tanto mais precisamente se deve conhecer estas para o compreender inteiramente em sua atividade. Pois, desde o primeiro esboço para uma determinada obra, também se desenvolve nele a força ordenadora da forma já fixada, ela colabora através de suas medidas gerais na ordenação e na repartição do conjunto e, através de suas leis particulares, de um lado, fechando para o poeta um domínio da língua e assim também uma determinada modificação das representações, bem como abrindo um outro, modificando assim no detalhe não somente a expressão, mas também a invenção, já que os dois nunca se deixam separar inteiramente um do outro. Aquele que, na empresa da interpretação, não percebe corretamente como a corrente do pensamento e da poesia de algum modo se choca com as paredes de seu leito e ricocheteia, e então dirige-se em um sentido diferente daquele que teria tomado espontaneamente, este já não pode compreender corretamente a marcha interna da composição, menos ainda atribuir ao escritor mesmo o seu verdadeiro lugar, [em referência] à sua relação com a língua e suas formas. Ele não perceberá como um autor traria à língua, de modo mais forte e completo, imagens e ideias que já atuavam nele, caso ele não estivesse limitado por uma forma que entrava em conflito de várias maneiras com sua originalidade pessoal; ele não saberá também apreciar no seu justo valor aquele que não teria ousado fazer algo de grande nesse ou naquele gênero, caso ele não estivesse sob a potência protetora e diretora da forma, que o fecundava na mesma medida em que o protegeu, e de ambos ele não acentuará suficientemente aquele que se move na forma estabelecida sem se chocar, tão livremente como se ele próprio fosse agora criá-la pela primeira vez.

Esta percepção da relação de um autor com as formas já estabelecidas na sua literatura é um momento tão importante da interpretação que, sem ele, nem o conjunto nem o detalhe podem ser compreendidos corretamente. Mas, certamente Wolf tem inteira razão: que é quase impossível adivinhar corretamente, se não se tem experiência pessoal, como se pode, mantendo-se sob limites determinados e regras sólidas, trabalhar com a linguagem e lutar contra ela. Verdade é que, como quase em toda parte, aqui também o procedimento divinatório e o procedimento comparativo estão contrapostos, mas aquele não pode ser substituído inteiramente por este. De onde proviria, então, o ponto de partida para o procedimento de comparação, se ele não fosse dado nas tentativas pessoais? E assim se explica, igualmente, como a métrica encontra aqui o seu lugar, pois a medida das sílabas é para toda composição poética uma parte da forma que condiciona de maneira essencial a escolha das expressões, bem como em parte o lugar das ideias e que, na influência que esta exerce, aquelas relações se dão a conhecer da maneira mais clara. Todavia, como esta relação do conteúdo e da forma é, no essencial e no geral, a mesma para todas as línguas que possam estar em questão aqui, eu insistirei menos que Wolf sobre a obrigação de se adquirir a prática, necessária à interpretação, precisamente nas línguas antigas elas mesmas. E, todavia, se assim devesse ser, eu não compreenderia corretamente por que, então, a língua romana deveria ter o ofício e a capacidade de substituir a grega.

Mas eu prefiro antes suprimir uma consideração que se impõe aqui sobre o caráter que tais exercícios sempre terão, quando nós em pensamento os transferimos para a literatura da língua em questão para desenvolver, a partir do que foi dito em último lugar, algumas deduções não destituídas de importância[10]. Com efeito, se em todo exercício desta arte se tem também consciência dos dois métodos, o divinatório e o comparativo, e isto, como eu penso, de uma maneira tão geral que: de um lado, nós possamos compreender tudo também imediatamente, na qual nenhuma das atividades especiais intermediárias se distinguem claramente, como uma aplicação e reunião absoluta dos dois, mas quase [sem ocupar tempo perceptível]; de outro lado, também as aplicações mais complicadas da arte não nos apresentam nada diferente do que uma passagem constante de um método ao outro, a qual deve se aproximar mais e mais de uma coincidência dos dois métodos no mesmo resultado, idêntico àquele instantâneo, se deve surgir ao menos alguma satisfação. Quando a diferença acima indicada entre o lado mais gramatical, que visa à compreensão do discurso, partindo da totalidade da língua, e o lado mais psicológico da interpretação, que visa à com-

---

10. No lugar de "para desenvolver [...] não destituídas de importância" havia antes "para formar ainda outra coisa interessante que fosse mais próximo a nós".

preensão do discurso como um ato da produção contínua de ideias, esteja tão bem fundada na tarefa mesma, de sorte que em toda compreensão completa ambos deverão igualmente estar completos, e que cada operação composta, porém, destinada a conduzir a este fim, deverá seguir de modo tal que o que acontece de um lado se complete por novos passos no outro lado. Se é assim, então surge a questão, se os dois métodos também valem para os dois lados mencionados, ou se cada método é apropriado a um único dos dois. Quando, portanto, pelo lugar que ele dá à métrica e à habilidade na composição, Wolf procura, sobretudo para o lado mais psicológico da interpretação, uma base sobre a qual é possível edificar apenas um procedimento comparativo, seria assim sua opinião que a outra face mais gramatical da interpretação deveria ser, principalmente, fomentada pelo método divinatório?

O seu ensaio não se propõe a responder isso imediata e determinadamente; porém, obviamente as pesquisas sobre o significado das palavras e o sentido das frases – pesquisas estas das quais ele sente falta, embora não dolorosamente –, como elas tratam claramente apenas do lado gramatical da interpretação, não podem fazer avançar este senão por um procedimento comparativo. E isso também a tarefa mesma o mostra, quando nós a questionamos; pois, todas as dificuldades gramaticais são superadas apenas por um procedimento comparativo, no qual nós aproximamos [sempre de novo] alguma coisa já compreendida e semelhante ao ainda não compreendido, encerrando assim a não compreensão em limites sempre mais estreitos. Mas do mesmo modo, do outro lado, qual é o mais belo fruto de toda a crítica estética das obras de arte do discurso, senão uma elevada compreensão do processo interno dos poetas e outros artistas do discurso, do desenvolvimento completo da composição depois do primeiro esboço até a execução final. Sim, se há qualquer coisa de verdadeiro na fórmula segundo a qual a mais alta completude da interpretação consistiria em compreender um autor melhor do que ele de si mesmo pode dar conta, então, certamente não se poderia querer dizer senão isso; e nós possuímos em nossa literatura uma quantidade não insignificante de trabalhos críticos que trabalharam neste sentido com bons resultados. Mas, como seria isso possível, senão por um procedimento comparativo, o qual nos ajuda a perceber corretamente como e por onde um mesmo escritor progrediu mais que um outro e depois foi ultrapassado por um terceiro, e em que o tipo de sua obra se aproxima ou se afasta dos que lhe são semelhantes. Entretanto, é certo que o lado gramatical também não poderá prescindir do método divinatório. Pois, o que faríamos nós a cada vez que caíssemos em uma passagem onde um autor genial pela primeira vez trouxe à luz uma locução, uma composição na língua? Aqui não há outro procedimento que, partindo de modo divinatório da situação da produção de pensamentos, na qual o autor está compreendido, reconstruir corretamente aquele ato criador, (e perceber) como a necessidade do momento pode influir justamente assim e não de outro modo sobre o vocabulário dado vivamente ao autor; e também aqui novamente não há nenhuma segurança, no lado psicológico, sem o emprego de um procedimento comparativo. Por isso, nós não podemos responder a questão proposta senão assim: se a compreensão segura e completa não se realiza simultânea e imediatamente com a percepção, os dois tipos de métodos deverão ser utilizados em ambos os lados – naturalmente em graus diferentes, proporcionais às diferenças do objeto – até que surja uma satisfação tão semelhante quanto possível à da compreensão imediata.

Mas, se nós adicionamos o que foi mencionado acima, a saber, que é a própria condição que conduz um mais para o lado psicológico e o outro para o lado gramatical, e se nós justamente aplicamos o mesmo igualmente àqueles dois métodos – pois, muitos são virtuoses na interpretação gramatical, que pouco [pensam] no processo interior no espírito e no coração do compositor; e, assim também, inversamente, há verdadeiros artistas nessa disciplina que pensam pouco, e somente nos casos raros, quando precisam recorrer aos dicionários, na relação particular de cada escrito com sua língua. Então, se levamos tudo isso em conta, nós seguramente devemos dizer que, assim como nós podemos considerar a compreensão imediata e instantânea como realizada de um ou de outro modo, e nos considerar a nós mesmos como tendo nossa atenção dirigida seja para a produtividade do autor seja para a totalidade objetiva da língua: assim nós podemos dizer e exprimir de modo semelhante o processo metódico da interpretação, quando ele atingiu completamente o seu objetivo. Nesse momento, todos os elementos comparativos, tanto do lado psicológico como do gramatical, estão tão completamente reunidos que nós não precisamos também levar em conta os resultados de nosso procedimento divinatório; porém, inversamente, também a realização exata do divinatório torna supérfluo o comparativo. Desse modo o processo interno torna-se, graças aos procedimentos divinatório e comparativo, tão completamente transparente que, uma vez que o assim intuído claramente é um pensamento, e que não se pensa sem palavras, com isso a relação global desta produção de pensamento e configuração para a língua já está dada inteiramente ao mesmo tempo; mas também de modo inverso.

Porém, uma vez que aqui eu considero a última perfeição desta operação, sou reenviado quase involuntariamente aos primeiros começos desta, para assim abranger o todo por meio dos dois pontos extremos. Estes primeiros começos não são nada diferentes do momento em que as crianças começam a compreender o que é dito. Agora, como as nossas fórmulas se adequam a estes começos? Elas ainda não têm a linguagem e antes a procuram, mas elas também não conhecem ainda a atividade do pensamento, porque não há pensamento sem palavra: por qual lado, então, elas iniciam? Elas ainda não têm pontos de comparação, mas antes os adquirem pouco a pouco, como base para um procedimento comparativo, que se desenvolve, é verdade, com uma rapidez inesperada; mas como elas fixam o primeiro? Não seria tentador dizer que cada uma produz ambos originariamente e, ou ela bem originariamente encontra o modo que os outros criaram, graças a uma necessidade interior, ou ela bem se aproxima deles pouco a pouco, à medida em que ela se torna capaz de um procedimento de comparação. Mas também isto já é o que nós designamos pela expressão divinatório, a mobilidade interior para a produção pessoal, mas orientada desde o início para a acolhida dos outros. Este é, portanto, o originário e a alma mostra-se aqui ainda como total e propriamente um ser divinatório. Mas, com que prodigiosa e quase infinita exteriorização de energia ela começa, com a qual nada do que se segue pode ser posto em equivalência; na medida em que ela deve, com efeito, apreender simultaneamente o que depois se apoia mutuamente, apreender realmente como unidade aquilo que se separa apenas pouco a pouco, isto é, ela deve objetivar para si a linguagem enquanto alinha as palavras individuais com os objetos que aparecem e com as imagens que se formam nela mesma, sempre mais clara e seguramente, mas, ela deve simultaneamente também, eu não sei se devo dizer apreender a atividade do pensamento para a reproduzir ou reproduzi-la, para apreendê-la. Esta primeira atividade no domínio do pensamento e do conhecimento me parece digna de tanto espanto que me parece que é somente para nos consolar deste excesso de energia que nós não somos mais capazes de empregar, ou nos vingar, que nós rimos das utilizações falsas que as crianças fazem dos elementos linguísticos recolhidos, e isto tão frequentemente em virtude de uma demasiado forte consequência.

Mas, considerando as coisas claramente, nós nos encontramos em cada instante de não compreensão na mesma situação que elas (as crianças), apenas num grau menor. Mesmo no conhecido, é de fato o estranho que a nós se manifesta na língua, quando uma ligação de palavras [renega-se a tornar-se clara; é o estranho que se manifesta na produção do pensamento, mesmo quando ele é muito análogo ao nosso, quando o encadeamento entre as partes isoladas de uma série ou a extensão destes renega-se a se fixar e nós inseguros vacilamos; e nós poderemos sempre apenas iniciar com a mesma ousadia divinatória. Nós não podemos, então, simplesmente contrapor nossa situação atual aos começos gigantescos da infância; esta empreitada da compreensão e da interpretação é, ao contrário, um todo continuamente se desenvolvendo pouco a pouco, em cujo curso ulterior nós nos apoiamos sempre mais uns nos outros, na medida em que cada um fornece aos outros os pontos de comparação e de analogia, mas em cada ponto ela começa sempre do mesmo modo divinatório. Trata-se da autodescoberta progressiva do espírito pensante. Apenas que, assim como a circulação do sangue e o ritmo da respiração diminuem pouco a pouco, também a alma, quanto mais ela já possui, mais ela torna-se carregada nos seus movimentos, na relação inversa de sua receptividade, mais porém na alma mais vivaz, justamente porque cada uma é no seu ser único o não ser dos outros, a incompreensão não se dissipará nunca inteiramente. Agora, se a rapidez do êxito decresce depois dos primeiros começos, então, a reflexão encontra-se favorecida pela maior lentidão dos movimentos e a demora mais prolongada em uma mesma operação, e somente então começa aquele período onde as experiências hermenêuticas são reunidas, e reunidas como conselhos, pois eu prefiro dizer esta palavra do que regras. Uma doutrina, porém, sem dúvida só pode começar, como parece resultar quase por si do que foi dito, quando tanto a língua em sua objetividade quanto o processo de formação do pensamento forem tão completamente vistos enquanto funções da vida espiritual individual em sua referência à essência do pensamento mesmo, que se possa expor em uma conexão completa, a partir do modo como se procede no encadeamento e comunicação dos pensamentos, também o modo como se deve proceder na compreensão.

Porém, para conduzir esta a uma clareza completa, nós devemos primeiro – o que seria um segundo objetivo em relação a este primeiro – ter dado a uma ideia o seu justo valor, que o Sr. Ast parece ter tido antes de Wolf, mas que, antes que se defina por ela decisivamente a constituição da hermenêutica, parece ser mais um achado que uma descoberta, a saber, a ideia de que cada particular apenas pode ser compreendido por meio do todo e, portanto, toda explicação do particular pressupõe já a compreensão do todo.]

## B.
### [Outubro de 1829][11]

O princípio hermenêutico, exposto e desenvolvido em várias direções pelo Sr. Ast, que assim como o todo seguramente é compreendido a partir do particular, também o particular apenas pode ser compreendido a partir do todo, é de tal alcance para esta arte, e tão indiscutível que já as primeiras operações não podem ser estabelecidas sem o seu emprego, visto que uma grande quantidade de regras hermenêuticas repousam mais ou menos sobre ele. Seja uma palavra cujo valor linguístico geral é conhecido: a parte desse valor linguístico que se aplica na passagem dada e aquelas que devem ser excluídas, apenas será determinada através das outras partes da mesma frase e, primeiramente, àquelas com as quais ela tem uma relação orgânica mais próxima, o que significa, portanto, que ela é compreendida como parte do todo, como elemento do conjunto. E isto não vale apenas para a escolha entre os assim chamados múltiplos significados de uma palavra, mas também em todas as palavras que são suscetíveis de gradações diferentes, para esta gradação mesma e, de uma maneira geral, para a maior ou menor ênfase atribuída a uma palavra. E quando se toma por regra, não explicar distintamente uma palavra em duas ocorrências num mesmo contexto, porque não seria verossímil que o escritor a [tivesse] usado em um caso diferentemente do outro: assim, [entretanto isso somente pode valer quando] também a frase, onde ocorre o segundo caso, [possa ainda ser justamente considerada] como uma parte do mesmo contexto. [Pois, em novo parágrafo outros significados podem ter lugar, em certas circunstâncias, tão legitimamente como em uma obra inteiramente diferente]. Agora, se o sentido da palavra na segunda ocorrência é determinado através da primeira, então, o particular é sempre compreendido a partir do todo, pois a explicação depende apenas da clara percepção de que aquela parte de um texto seja efetivamente um

---

11. Nota dos organizadores dos "Discursos acadêmicos": lidos no plenário em 22 de outubro de 1829.

todo em relação à palavra em questão. O procedimento correto com passagens paralelas repousa igualmente sempre no fato de que se escolha aquelas passagens presentes no conjunto semelhantes àquela a ser explicada, no que se refere à palavra duvidosa, [portanto, que poderiam ser também partes do mesmo todo.] Porém, na medida em que isto não pode ser assegurado, a aplicação também torna-se incerta. Mas, tão evidente quanto isto seja e também que possa ser confirmado por muitos exemplos, tanto mais difícil de responder a questão sobre até onde se pode ir no emprego desta regra. Pois, assim como a palavra é um elemento e uma parte na frase, assim também é a frase no contexto mais vasto do discurso. Por causa disso é que acontece, tão facilmente, de representações inteiramente falsas serem associadas a frases isoladas de um escritor, quando se retira as frases de seu contexto original para incorporá-las, como testemunho ou prova, a outro contexto; e isto acontece tão frequentemente que o espantoso apenas é que esta fidelidade dos citadores não tenha ainda se tornado proverbial. Outra coisa ocorre seguramente com as frases que são suscetíveis de um uso proverbial; no entanto, mesmo quando apresentadas por elas mesmas, estas parecem indeterminadas em um grau elevado, e vale para elas que somente se tornam inteiramente determinadas pelo contexto que trazem consigo e no qual foram introduzidas. Uma grande parte de seu particular atrativo repousa justamente sobre o fato que elas estão liberadas a cada um [e, se bem que, devido a sua forma, elas mais do que as outras, sempre permanecem em si isoladas, têm sempre um aspecto diferente devido às acompanhantes].

Avancemos um pouco mais: nós podemos, assim, dizer o mesmo também de um encadeamento maior de frases. E de onde viria, então, p. ex., que se faça a nós alemães tão seguidamente a repreensão de que não compreendemos os chistes, os quais sempre se assentam em uma série de frases, senão porque ou bem as indicações prévias faltam inteiramente no encadeamento global do discurso e se adivinha completamente com a explicação séria, e então o escritor não tem razão, ou bem elas não são apreendidas imediatamente, o que significa que aquela série particular não foi compreendida corretamente a partir do todo, e então a culpa cabe ao leitor. Mas o problema não se limita unicamente a tais casos e semelhantes; mas, em toda parte onde importa saber com que exatidão se deve tomar uma série de frases e de que ponto de vista se deve apreender seu encadeamento, então, onde se deve conhecer o todo ao qual elas pertencem. Sim, isto ainda pode ser relacionado ao caso primitivo e deve, por conseguinte, valer universalmente. Para cada articulação encadeada de frases efetiva há, de algum modo, um conceito principal que a domina ou, como nós nos exprimimos, uma palavra para este, porém, isso pode ser inteiramente diferente conforme o gênero da obra; e a essa palavra, assim como às palavras particulares nas frases particulares, seu sentido completamene determinado [não pode ser atribuído corretamente] se não for lido na sua correlação com as outras palavras semelhantes, isto é, cada articulação de frases, seja ela grande ou pequena, apenas pode ser corretamente compreendida a partir do todo ao qual ela pertence. E, agora, como todo menor é condicionado por um maior que, por sua vez, é também um menor, segue-se obviamente que também o particular apenas pode ser completamente compreendido através do todo. Consideremos agora, a partir disso, a inteira operação da interpretação: então, nós deveríamos dizer que, progredindo pouco a pouco desde o início de uma obra, a compreensão gradual, de cada particular e das partes do todo que se organiza a partir delas, sempre é apenas provisória; um pouco mais completa, se nós podemos abarcar com a vista uma parte mais extensa, mas também começando com novas incertezas [e como no crepúsculo], quando nós passamos a uma outra parte, [porque então] temos diante de nós um novo começo, embora subordinado; no entanto, quanto mais nós avançamos, tanto mais tudo o que precede é esclarecido pelo que segue, até que no final então cada particular como que recebe de um golpe sua plena luz e se apresenta com contornos puros e determinados. Mas nós também não podemos injustiçar o Sr. Ast, quando ele, para nos dispensar desse repetido retornar e dessa retrospecção, dá o conselho que nós deveríamos começar melhor toda compreensão, de imediato, com um pressentimento do todo. Agora, entretanto, [o problema é de onde deverá vir esse pressentimento. Quando se delimita a toda a nossa tarefa apenas àquelas obras do discurso, o que parecem ter entendido tanto Wolf como o Sr. Ast, as quais] temos inteiras diante de nós, isto é, as escritas; então, resulta uma possibilidade. Já os prefácios, que são raramente utilizados em uma exposição oral, são uma ajuda a mais além do simples título. Depois nós exigimos resumos e índices, de livros de um certo gênero, não certamente apenas para poder encontrar os elementos facilmente, mas antes por causa da [intuição] da articulação de uma obra que eles nos fornecem, e porque assim nós podemos concatenar desde o início aquelas palavras principais, as quais dominam as partes maiores e menores. Quanto mais eles nos são fornecidos, tanto mais fácil de se utilizar aquele conselho. Mesmo quando eles faltam totalmente e se tenha apenas o livro diante de si, então, a tendência que parece antes condenável de folhear um livro antes de se engajar seriamente, para quem tem a sorte ou a oportunidade, pode ser ela mesma de grande utilidade para suprir aquela falta. Obviamente eu quase me envergonho de ter escrito isso, quando penso em como toda a Antiguidade que, como nós, estava condenada a compreender conforme as mesmas regras, nada sabia de tais meios auxiliares; como também entre as mais excelentes obras em prosa não poucas estão constituídas de tal modo que não poderiam conter tais auxílios, antes os desprezam, mesmo as indispensáveis divisões exteriores não [têm nada em comum] com as articulações internas, das quais pode surgir o pressentimento do todo. Entretanto, nas obras poéticas todas essas coisas beirariam ao ridículo; enfim, não são poucos entre nós os que são distintos o bastante para não lerem eles mesmos, mas deixam que leiam para si, para os quais não ajudam nem o folhear nem o índice. Nós devemos, portanto, tentar responder de modo mais geral a questão acerca da proveniência do pressentimento do todo, sem o qual a compreensão completa do particular não é possível.

Em primeiro lugar se deve notar que nem todo discurso articulado é um todo num mesmo sentido, mas seguidamente apenas uma livre sequência de singularidades [e, então, não é proposta uma compreensão do particular a partir do todo; outras vezes, trata-se apenas de] uma [livre sequência] de pequenos todos [e, então, nos é dado compreender cada particular a partir de seu pequeno todo]. Se, porém, se trata de um ou do outro caso, isso sempre já é dado no conceito do gênero, ao qual pertence um discurso ou escrito. Porém, também no interior de cada um desses há certamente vários níveis, também no sentido de que, em uma obra do mesmo gênero, um se mostra muito rigoroso e outro tão solto quanto possível; disto, porém, nós obtemos sempre um primeiro pressentimento a partir de um conhecimento geral do autor e de sua maneira de ser. Agora, nos discursos que não chegam até nós em forma escrita, portanto, que são destinados a serem ouvidos uma única vez, o pressentimento prévio do todo, se o orador mesmo não fornece previamente um resumo do todo, não pode ser desenvolvido além [daquele que nos fornece o conhecimento prévio do gênero e as informações gerais sobre o autor e seu modo de ser]. Agora, caso falte um dos dois ou ambos: então, o que falta apenas pode ser suprido através das deduções que nós fazemos no início a partir do tom e estrutura dos particulares e a partir do modo da progressão. Faz-se necessário certamente, assim, uma compreensão do todo, mesmo quando ambos faltam, simplesmente através dos particulares; mas, esta será necessariamente incompleta, se a memória não reteve os particulares e nós podemos, depois que o todo esteja dado, retroceder aos elementos, para então compreendê-los mais precisa e completamente a partir do todo. Por conseguinte, aqui desaparece outra vez inteiramente a diferença entre o que foi percebido apenas oralmente e o que temos por escrito diante de nós, visto que nós também no primeiro caso, através da memória, dispomos de todas as vantagens que pareciam pertencer exclusiva e propriamente ao último, de modo que, como Platão já havia dito, a utilidade da escrita consiste apenas em remediar a falta de memória; ambiguamente, pois, sendo ela fundada sobre a perda de memória, por sua vez, ela favorece precisamente essa perda. Do que foi dito segue-se, igualmente para a fala e para a escrita, que toda primeira apreensão é apenas provisória e incompleta, [do mesmo modo um folhear mais regular e completo,] apenas é suficiente [e cumpre por si mesmo a tarefa] onde nós não encontramos nada de estranho e a compreensão se compreende por si mesma, isto é, onde em geral não ocorre nenhuma operação hermenêutica com consciência determinada. Mas ali onde não ocorre assim, nós precisamos retornar seguidamente do fim ao começo e, completando a apreensão, recomeçarmos de novo; quanto mais difícil é de apreender a articulação do todo, tanto mais se deve procurar seus traços a partir do particular; quanto mais o singular é denso e significativo, tanto mais se deve procurar apreendê-lo em todas as suas relações por meio do todo. Obviamente existe em toda obra mais ou menos dessas singularidades que não recebem sua plena claridade através da articulação do todo, porque elas, assim eu diria, se encontram fora do mesmo e poderiam [apenas] ser classificadas como ideias acessórias, que poderiam estar em outro lugar tão bem quanto ali, mas deveriam pertencer a uma obra inteiramente distinta como ideias principais. Porém, mesmo estas, enquanto pertencentes à livre produção de ideias do autor, apenas determinável por uma ocasião momentânea, formam entre si, num certo sentido, ao menos um todo, menos por referência ao gênero de certa obra, mas por referência à originalidade do autor; contribuem para a compreensão do todo, menos enquanto ele é orgânico e vivo na língua, mas enquanto ele fixou um momento gerador fecundo de seu autor e o traz à exposição. Agora, como o problema menos árduo, para essa relação do todo e da parte, seriam [os discursos] onde nós aprendemos facilmente o todo a partir de cada elemento e podemos assim quase adivinhá-lo quando o todo apenas nos fosse dado em traços rápidos; ao contrário, então, os problemas mais consideráveis são as obras do espírito criador, quaisquer que sejam a forma e o gênero, que, cada uma a seu modo, são articuladas ao infinito e simultaneamente inesgotáveis nos detalhes. [Aqui, cada solução do problema sempre nos aparece como uma aproximação. Pois, a completude consistiria em que nós pudéssemos proceder com estas obras do mesmo modo como naquelas que nós designamos como sendo mínimo a esse respeito, a saber, que pela articulação do todo e dos elementos pudéssemos imaginar nós mesmos, ao menos até um certo grau de semelhança. E quando nós refletimos sobre isso, encontramos um forte motivo porque Wolf exige, tanto para o intérprete como para o crítico, a habilidade na composição, enquanto condição quase indispensável. Pois, seria talvez impossível restabelecer nessa tarefa, mesmo através de uma grande riqueza de analogias, o procedimento divinatório, o qual é despertado sobretudo pela própria produtividade.

Não contente com a amplitude da tarefa até aqui descrita,] o Sr. Ast nos mostra uma via não desprezável, para a aumentar ainda mais. A saber, assim como a palavra está para a frase, e a frase particular para a sua articulação mais próxima, e esta para a obra mesma, como um elemento em relação a um conjunto e uma parte ao todo, assim, por sua vez, cada discurso e cada obra escrita é um particular que apenas pode ser compreendido completamente a partir de um todo ainda maior. Ora, é fácil ver que toda obra é um tal particular sob um duplo ponto de vista. Cada obra é um particular no domínio da literatura ao qual pertence, e forma com outras obras de mesmo conteúdo um todo a partir do qual ela deve ser compreendida, sob uma referência, a saber, a linguística. Mas, cada obra é também um particular enquanto ato de seu autor e forma, com as outras suas ações, o todo de sua vida; e, portanto, deve ser compreendida a partir da totalidade de suas ações, naturalmente segundo a medida de sua influência sobre ela e sua semelhança com ela, sob outra referência, isto é, a pessoal. A diferença será sempre muito grande, mais ou menos segundo a constituição da obra, entre um leitor que adquire a compreensão do todo pela via acima descrita e um outro que acompanhou o autor durante toda a sua vida até o aparecimento da obra, e para o qual o homem inteiro se apresenta muito mais claramente do que ao primeiro, tanto na marcha do conjunto como nos detalhes. A mesma diferença, porém, também entre o leitor e aquele outro que, estando familiarizado com toda a esfera de obras aparentadas, saberia apreciar de uma maneira inteiramente diferente o valor linguístico das diferentes partes e o valor técnico de toda a composição. Resulta assim, para cada obra tomada isoladamente, a mesma consequência que para as partes mais pequenas dela mesma. Mesmo após esta repetida apreensão, toda compreensão sob esta visada superior, permanece somente provisória, e cada coisa nos aparecerá sob uma luz inteiramente distinta quando nós retornamos à obra particular após ter percorrido todo o domínio de composição que lhe é aparentado e, do mesmo modo, após ter conhecido outras obras do autor, mesmo de gênero diferente, e, na medida do possível, a sua vida inteira. Agora, ali onde se trata de compreender o particular de uma obra a partir da totalidade da obra, os índices e os resumos esquemáticos não poderão nos substituir essas apreensões renovadas, esses retornos repetidos do fim ao começo. Em parte porque nós deveríamos então confiar nas apreensões alheias e poderíamos já receber uma orientação muito inexata antes de perceber o que há ali de errado; em parte, também, porque todos esses meios auxiliares sofrem na maior parte de uma completa carência de visão intuitiva, para serem capazes de avivar o poder divinatório, que é o que mais importa aqui. Do mesmo modo, ali onde se trata de compreender a obra, por um lado, a partir da literatura aparentada, e por outro, a partir da inteira atividade do autor, pouco se encontra de consolação e ajuda em tudo o que se costuma realizar nos prolegômenos e comentários, para substituir o conhecimento de um e de outro. Pois, das obras aparentadas, não se informa ordinariamente senão o que o autor mesmo utilizou, e dele mesmo, de sua atividade e suas relações, apenas aquelas referências feitas na obra mesma. De tal modo que também isto vale apenas para os elementos e não para o conjunto, visto que isto não seria adequado nem ao lugar nem à intenção de fornecer uma característica viva e digna do autor a partir da totalidade de sua manifestação, ou uma morfologia do gênero em questão, pela comparação de grupos inteiros, para facilitar assim a completa compreensão para aqueles que talvez começam a sua aproximação com o autor ou do gênero por uma determinada obra.

Uma vez que agora, [no que se refere à compreensão do particular a partir do todo], parece que nós estamos [no cume] da exigência, então, nós não podemos recusar uma retrospectiva sobre o já alcançado. Quando se referiu, apenas de passagem, que poderia haver duas classes distintas de intérpretes que se dividiriam na empresa, uma dirigida mais para as relações linguísticas de todo escrito dado, a outra mais para o processo psíquico original da produção e concatenação de ideias e imagens, assim a diferença de talento nesse ponto se separa com uma clareza toda especial. Eu atribuo, com efeito, ao intérprete linguístico toda a tarefa de [apreender] a obra particular na sua conexão com as análogas da mesma literatura. Pois, as formas de toda composição se configuram a partir da natureza da língua e da vida comum desenvolvida simultaneamente e ligada a ela; aqui o individual pessoal, que tem em geral mais valor, é o fator que seguidamente fica em segundo plano. Ao contrário, aquele que quer espreitar um escritor, de qualquer gênero, em sua composição e para esse fim torna tanto quanto possível presente todo o seu modo de ser, para ter uma visão viva mesmo dos momentos de entusiasmo e de concepção que interrompem o curso normal da vida, ao modo de inspirações superiores, também irá desejar ter uma visão viva de tudo o que [se refere] de alguma maneira ao processo de invenção, nos detalhes e até mesmo das ideias acessórias indiferentes à ideia do conjunto, e apreciar corretamente de que maneira se relaciona nele toda a empresa da composição à totalidade de sua existência ou, também, considerada nela mesma, como se desenvolve enquanto qualquer coisa original que representa uma personalidade definida, para este naturalmente todas aquelas relações devem retrair-se para o segundo plano. Todavia, a compreensão completa permanece sempre condicionada pelos esforços de ambos, e não pode estar em nenhum intérprete particular que permanece inteiramente de um lado, a ponto de que nele falte a sensibilidade para o que acontece no outro lado. Um intérprete do último tipo, que quisesse tratar com desenvoltura a parte linguística, por mais razoável que fosse o zelo para com seu autor, e mesmo se ele evitasse de lhe imputar, como acontece tão frequentemente com tais intérpretes, intenções que não lhe vieram à mente, não somente erraria de muitas maneiras, tanto mais se o autor mesmo tiver sido um criador linguístico, mas ele poderia ser no nosso domínio apenas o que, não sem razão, se denomina na ordem da produtividade artística – eu tomo genericamente, pois isso não concerne menos aos poetas e oradores, eu diria também aos filósofos, que aos pintores – um espírito nebuloso. O outro, porém, assim concebido, se ele descobrisse efetivamente com exatidão as relações de uma obra com as outras de seu gênero, de tal modo que ele não se contentasse somente com comparações e conexões perspicazes, mas apreendesse o sentido da mesma com profundidade, ele não evitaria, contudo, ser o que nós chamamos um pedante, porque não saberia ver na obra o inteiro homem e nem viver com ele, pois esta faculdade lhe faltaria inteiramente. Visto que é mais fácil se deixar completar por outro, naquilo em que se possui, mas incompletamente, do que se apropriar daquilo em que verdadeiramente não se toma parte, parece que aqueles que escalam as alturas onde nós nos encontramos agora apenas de um lado ajudam menos a si mesmos do que são úteis apenas para os outros, e aquele que quer se tornar um intérprete, deve ser aconselhado a tentar antes ambos, mesmo que ele não venha a ser com isso facilmente um virtuose em um lado, ele ao menos evitará de embotar inteiramente o outro. Uma vez que nós já diferenciamos esses dois lados da nossa empresa, então, aquele duplo procedimento igualmente se oferece a nós, o divinatório e o comparativo; assim nós questionamos justamente acerca de como ele se relaciona com ambos nesse nível superior. Antes, quando nós ainda estávamos no interior da obra mesma, mostrou-se que ambos eram necessários para cada lado, para o gramatical como para o psicológico. Mas agora não se trata, por causa da língua, de lidar apenas com as passagens de outros escritos, mas com todo um domínio de produção literária e, por outro lado, nós não estamos interessados apenas no que se desenvolve a partir do ato original de concepção de uma obra na alma, mas o problema se refere a este ato mesmo com toda a natureza de seu desenvolvimento real a partir da unidade e da conexão total desta vida determinada; portanto, talvez não seja mais igual para ambos. Consideremos agora, por fim, outra vez aqueles dois lados de nossa tarefa: um nos parece tão atrasado na configuração em relação ao outro e, por assim dizer, atrofiado, que parece incorreto colocá-los como iguais lado a lado em uma técnica hermenêutica futura.

 Fiquemos por agora na Antiguidade Clássica que permanece sempre o primeiro objeto sobre o qual se exerce nossa arte; quantos autores há, entre os mais importantes, que nós conhecemos tão pouco de sua vida inteira e natureza que as dúvidas surgem mesmo acerca da confiança com que nós aceitamos a realidade de sua pessoa. E o que nós sabemos de Sófocles e Eurípides, além de suas obras, é bem de tal natureza a nos explicar minimamente a diferença de suas composições? Ou, para homens tão conhecidos como Platão e Aristóteles, tudo o que nós sabemos sobre suas vidas e relações nos explica minimamente por que um tomou tal caminho e o outro um inteiramente diferente na filosofia, e até que ponto eles puderam se aproximar na composição, nos escritos que não estão mais à nossa disposição? Estamos nós, a propósito de um único antigo, tão bem como com o romano Cícero, do qual nós podemos [dissociar] de suas obras maiores, um tesouro inteiro de cartas, como verdadeiros documentos de sua personalidade, se bem que nós percebemos [também] naquelas, com ajuda destas, a sua personalidade inteira. Se, agora, nós vamos às produções do distante e obscuro Oriente, como nós alcançaríamos estas figuras individuais que pretendemos poder distinguir, para esclarecer também as suas obras através da maneira particular que seu ânimo se configurou. Mesmo sobre o solo pátrio esta colheita é ainda tão parca, a propósito de produções anteriores, com as quais nós ainda não nos ocupamos longamente com arte, e é somente na medida em que nos aproximamos de nosso tempo, e quanto mais permanecemos na extensa esfera da grande praça europeia, onde todos se conhecem e onde de certo modo todos passeiam nas mesmas alamedas, que parece nascer a vocação para esse tratamento do objeto e efetivamente os meios apropriados se oferecem em uma medida satisfatória. Além disso, porém, como este aspecto parece mesquinho ao lado do outro. Um nos conduz sempre mais para o grande e vasto, e quando nós de fato parecemos colocar em questão toda a literatura por uma única obra: então, isto acontece apenas na medida em que esta seja tanto mais comparável e mais seguramente tratável (como) uma [parte constituinte] daquele grande todo. O outro, ao contrário, nos mantém sempre mais presos no espaço estreito da vida individual e uma imagem clara desta aparece como o objetivo mais elevado de esforços tão trabalhosos e variados. Todavia, [também esta muito extensa construção histórica, à qual nós nos submetemos aqui unicamente para melhor apreender a obra do indivíduo, encontra, do mesmo modo que esta obra, sua apoteose no fato que ela fertiliza o nosso próprio eu e os outros. E, à consideração do individual nós devemos associar aquela outra magnífica, para que dela] não nasça apenas um produto miserável, que não faz mais do que depreciar a nós e nossos produtos científicos. Também o conhecimento do homem individual, enquanto tal, não é o objetivo desse lado de nossa tarefa, mas apenas o meio para nos apropriarmos o mais completamente das suas atividades, as quais nos incitam para esta consideração objetiva. E nós não devemos obviamente contestar que, também nos períodos clássicos, não tenha se preocupado menos com o homem, e que nós devemos conceder aos leitores de então uma compreensão que nós apenas podemos invejar, porque nos falta o material necessário. E, muito disso é já completamente certo que no trabalho psicológico nós não podemos evitar um predomínio do divinatório, como isto é, por outro lado, [ao inverso,] tão natural para todos os homens que seguidamente têm o costume de se representar o homem inteiro a partir das informações mais disparatadas. Porém, não se pode usar a prudência suficiente para examinar sob todos os aspectos o que se apresenta assim hipoteticamente e não afirmar, ainda que provisoriamente, mesmo quando se não encontra objeção. [Porém, ninguém poderá aprovar minimamente que esse lado seja inteiramente negligenciado em qualquer tarefa hermenêutica, pois uma questão que manifestamente tem o seu lugar aqui deverá ser da maior importância para o intérprete: saber se a obra é dessas que pertencem à marcha inteira da atividade espiritual de seu autor ou se ela deve a sua existência a circunstâncias especiais que fazem com que ela tenha sido escrita apenas como um exercício em vista de qualquer coisa maior, ou se nasceu numa situação emotiva como escrito polêmico.] Por sua própria natureza o procedimento do outro lado já é prioritariamente comparativo, na medida em que a imagem geral de um gênero, e a constatação das relações da obra com este, se forma apenas por confrontação do que é idêntico em várias obras e das diferenças subsistentes. Porém, em parte já há aí também qualquer coisa de originariamente divinatório, na maneira de se colocar a questão, e em parte, na medida em que o lugar de uma obra na ordem global a qual ela pertence não está completamente definido, resta ainda também aí um espaço não negligenciável para o procedimento divinatório.

Agora, poderia também ser um erro, o que eu contudo não acredito, que eu a esta altura ainda apresente a tarefa do intérprete como dupla; este erro deve ser atribuído unicamente a mim, pois meus guias não adotam este ponto de vista, tampouco aqui como antes. Devo confessar também que concebo igualmente o outro lado da tarefa diferentemente que o Sr. Ast. Pois, onde ele pretende compreender uma obra na totalidade a partir de algo superior, por um lado, contudo, o todo da literatura ao qual ela se relaciona é inteiramente, para ele, uma massa muito pesada e, por outro, a fórmula é ainda muito restrita; e, na medida em que ele sempre se refere apenas ao domínio clássico, ele substitui a fórmula: deve ser compreendida a partir do espírito da Antiguidade. Isto poderia ser visto como uma abreviação do procedimento indicado por nós. Pois, este espírito seria o habitante comum a todas as produções de um mesmo gênero, o que então se obteria quando se fizesse abstração do que é particular a cada uma individualmente. Contudo, o Sr. Ast protesta explicitamente contra isso e pretende dizer que não é necessário procurar e compor primeiro este espírito a partir do individual, mas que ele já está dado em toda obra individual, pois cada obra antiga seria apenas uma individuação deste espírito. Dado indiscutivelmente em cada particular, mas também reconhecível sem mais em cada um? Sobretudo quando, desse modo, efetivamente se encontram em um discurso, p. ex., de Demóstenes, o espírito da Antiguidade, no lugar onde eu poria também o helênico, mas também o espírito da arte oratória ateniense, e ainda o espírito particular de Demóstenes e, ao lado deste, como seu corpo, o que pertence à época e à ocasião particular. Se eu acrescento ainda que o espírito da Antiguidade se encontra também noutros lugares que não nas produções de um certo tipo, sim, [que ele] deve, fora das obras do discurso, ser o mesmo nas obras das artes plásticas e quem saberá onde mais, então, esta fórmula parece ultrapassar os limites determinados da hermenêutica, [que sempre pode se ocupar apenas com o que é produzido na língua,] razão pela qual também sempre lhe faltará, à sua aplicação, o rigor. Lembremos um pouco de um procedimento edificado precisamente sobre esse princípio, não raro até há pouco tempo, onde se empregava a língua artística de um domínio em um outro inteiramente diferente: ninguém negaria que, se tais fórmulas não são um mero jogo que se apoia sobre uma concepção sólida, elas apenas podem pertencer a uma nebulosidade e indecisão perniciosas. E dessa falta eu não posso de maneira alguma livrar o Sr. Ast, nesta sua teoria. Pois, quando eu entendo, precisamente neste contexto, que a ideia, enquanto unidade que contém a vida, deve ser engendrada a partir da vida desdobrada como pluralidade e a partir da forma desta, como unidade absoluta, ao passo que [seria] melhor dizer o contrário, assim eu me encontro contudo sob tais nebulosas, as quais não podem ser favoráveis a uma teoria que exige a claridade da luz. Obviamente cada um deve ao menos conceder que, em qualquer domínio que nós sejamos elevados pela interpretação até o ponto agora descrito, o ganho é considerável no que concerne à apreensão correta do espírito do povo e da época no uso da língua e que a obtenção de resultados análogos pelo exame de outros domínios da produtividade intelectual confirmam de maneira decisiva uma teoria elaborada a este respeito; mas, eu nem gostaria de ousar percorrer o caminho inverso e procurar compreender o particular apenas a partir de tais suposições genéricas, nem também pretender que isto ainda pertença ao domínio da hermenêutica.

Ora, isto me conduz a um outro ponto, a saber, que o Sr. Ast distingue uma tríplice compreensão: histórica, gramatical e espiritual. Agora, ele concebe esta última, a qual é, por sua vez, concebida como dupla em relação ao espírito do escritor e ao espírito de toda a Antiguidade, tal que o todo é quádruplo; mas tomando esta última como a superior, na qual as duas outras se interpenetram, assim se poderia acreditar que ele quer realmente designar ali apenas os dois degraus que nós [encontramos] por ocasião da fórmula segundo a qual o particular apenas pode ser compreendido a partir do todo. Todavia isto permanece pelo menos muito incerto. Pois, admitindo que ele concebe esta dupla compreensão espiritual como a mais elevada, e a gramatical e a histórica como inferiores, como de outra parte elas devem obviamente pertencer a um mesmo nível para se interpenetrar reciprocamente na superior, segundo sua expressão, porque então ele não reuniu ambas em uma só e distinguiu apenas a superior e a inferior? Todavia, a isso acrescenta-se que ele distingue também uma tríplice hermenêutica, o que não seria possível sob esta pressuposição, a saber, uma hermenêutica da letra, do sentido e do espírito. Esta distinção de uma tríplice compreensão e de uma tríplice hermenêutica repousa no fato que, para ele, a compreensão, também do discurso, e a interpretação não são a mesma coisa, sendo que a interpretação para ele é o desenvolvimento da compreensão. Todavia, isto apenas complica o problema, na medida em que ele tem muitos antigos como precursores. O desenvolvimento não é aqui senão a exposição da gênese da compreensão, a comunicação do modo como alguém alcançou a sua compreensão. A interpretação se distingue da compreensão apenas como o discurso em voz alta do discurso interior e se, na tarefa da comunicação, entrasse ainda outra coisa, então, isto apenas poderia acontecer como aplicação das regras gerais da eloquência, mas sem que se acrescentasse algo ao conteúdo ou que qualquer coisa se modifique por isso. [Também Wolf não sabe nada disso, mas define a hermenêutica unicamente como a arte de encontrar o sentido.] Se, entretanto, nós quisermos aceitar a distinção do Sr. Ast, então, apenas poderia haver uma tríplice hermenêutica na medida em que houvesse tantos modos de desenvolver a compreensão, mas as suas denominações não indicam isto e elas não são, além do mais, desenvolvidas nesse sentido, supondo-se que isto aconteça mesmo. Tampouco elas se reencontram com essas três espécies de compreensão. Pois, a hermenêutica da letra, que busca dominar a explicação das palavras e dos temas, tem a ver tanto com a compreensão histórica como com a gramatical, restando, por conseguinte, a hermenêutica do sentido e a do espírito ambas apenas para a compreensão espiritual. Agora, esta certamente é dupla; todavia estas duas hermenêuticas não se distinguem ao ponto que uma poderia concernir exclusivamente ao espírito [individual] do escritor e a outra à totalidade de toda a Antiguidade. Pois, a hermenêutica do sentido se ocupa apenas com o significado da letra no contexto de uma única passagem. Porém, há também [e isto de dois modos] uma explicação espiritual da passagem tomada isoladamente, de tal modo que aqui nada parece concatenar. Entretanto, é claro que a explicação das palavras e dos temas não é ainda interpretação, mas somente os elementos desta, e que a hermenêutica começa antes com a determinação do sentido, se bem que por meio desses elementos. E de tal modo que a explicação [enquanto determinação do sentido] nunca será correta enquanto ela não resistir à confrontação com o espírito do escritor, bem como com o da Antiguidade. Pois, ninguém diz ou escreve algo contra seu próprio espírito, salvo em estado mental perturbado, e, assim, também do outro ponto de vista, quando em um antigo se quiser admitir como correta uma explicação que manifestamente está em contradição com o espírito da Antiguidade, faz-se necessário provar que o escritor espiritualmente é um bastardo. [Isto o Sr. Ast mesmo também afirma, quando ele fala de explicação do sentido, que aquele que não compreendeu o espírito do autor não está em condições de desvelar o verdadeiro sentido de passagens isoladas, e que somente é o verdadeiro sentido aquele que se adequa a este espírito.]

Portanto, mesmo apresentando a sua hermenêutica como tríplice, o Sr. Ast não nos dá senão uma, a hermenêutica do sentido, visto que a da letra não o é, e a do espírito, na medida em que ela não se reduz àquela do sentido, vai além do domínio hermenêutico. Nisto nós devemos permanecer com Wolf, dizendo todavia que, para exercer completamente esta arte a propósito de qualquer discurso, [nós] devemos estar de posse, não somente das explicações das palavras e dos temas, mas também do espírito do escritor. E é isto o que, sem dúvida, Wolf quer dizer quando distingue uma interpretação gramatical, uma histórica e uma retórica. Pois, a explicação das palavras é a gramatical, e a dos temas, a histórica, porém, ele emprega retórica com a mesma significação atual de estética. Assim, esta seria propriamente apenas a interpretação por referência ao gênero da arte particular, e conteria apenas uma parte do que o Sr. Ast chama de compreensão espiritual, [na medida em que as diversas formas de arte contribuem, certamente, para constituir o espírito da Antiguidade,] e contudo, para expandir nosso conceito de estético, ele deveria ter acrescentado ainda o poético ao retórico. Se, agora, ele toma em consideração o individual ou o espírito particular do escritor, sua hermenêutica se decomporia em cinco interpretações diferentes. Apenas, tão correta quanto possa ser a coisa, eu sempre protestaria contra esta expressão que traz a aparência de que as interpretações gramatical e histórica seriam, cada uma por si, qualquer coisa de particular. Os teólogos, para dar mais força a uma boa causa contra uma má, já reuniram estas duas interpretações em uma e se servem da expressão gramatical-histórica, mas o fazem, [contudo, em e por si certamente com razão], em oposição contra uma interpretação dogmática e uma interpretação alegórica, como se estas pudessem igualmente ser qualquer coisa por si, sejam corretas ou incorretas. O Sr. Ast também cai em um erro semelhante quando distingue um sentido simples e um sentido alegórico, o que sempre soa como se o sentido alegórico fosse duplo. Ora, se uma passagem é tomada alegoricamente, então, o sentido alegórico é também o sentido único e simples da passagem, pois ela não tem nenhum outro; e se alguém quiser compreendê-la historicamente, então, não restituirá o sentido das palavras novamente, pois ele não lhes atribuirá o significado que elas têm no contexto da passagem; assim como, em caso inverso, quando uma passagem de intenção diferente é explicada alegoricamente. Pois, se isto acontece conscientemente, então, não é mais interpretação, mas uma aplicação; se é inconsciente, então, é uma falsa explicação, como os existem bastante, mas que se devem às mesmas faltas. Com os mesmos direitos, poder-se-ia inventar ainda uma interpretação misteriosa para as fórmulas franco-maçônicas e semelhantes, e distinguir o sentido misterioso do sentido simples. Entretanto, se além da interpretação dogmática que tem a mesma condição da alegórica, um filósofo já nos gratificou, depois de longo tempo, com uma interpretação moral, então, tem-se o direito de esperar, desse que recentemente nos inventou uma pan-harmônica, que tenha acertado o correto. Pois, ele não pode ter pensado outra coisa senão que, em uma interpretação correta, todos os motivos devem confluir para um e mesmo resultado. Todas estas inovações, como se houvessem vários tipos de interpretação, e como se pudesse escolher entre eles, no que não valeria mais a pena falar e escrever, parecem então residir apenas na expressão, mas, infelizmente é claro que elas não permaneceram sem influência nefasta sobre a coisa mesma. Agora, como elas têm seu fundamento no estado ainda caótico desta disciplina, elas não desaparecerão, mas então certamente, antes que a hermenêutica alcance a forma que lhe cabe como doutrina e que, partindo do simples fato da compreensão, as suas regras sejam desenvolvidas em um conjunto coeso, a partir da natureza da linguagem e das condições fundamentais da relação entre o falante e o ouvinte.

# II – HERMENÊUTICA, PRIMEIRO PROJETO
## [1809-1810]

**Introdução**

*1. Partir do objetivo mais restrito, o da interpretação dos livros sagrados*

a) Estão os livros sagrados enquanto tais num caso diferente que os profanos?

Que eles são sagrados, sabe-se apenas na medida em que se os houver compreendido.

Os primeiros leitores, ou acreditavam nisto e estavam na mesma situação, ou tomaram-nos como inteiramente humanos e puderam compreendê-los apenas da maneira habitual.

Tudo, em virtude do qual habitualmente se acredita que o espírito sagrado não seja submetido às regras de interpretação, é apenas opinião equivocada.

A doutrina católica da interpretação inspirada. Por que, entretanto, eles aceitam para isso apenas o clero?

Seguramente não se pode compreender o espírito sagrado sem o espírito sagrado. Mas isto é algo inteiramente diferente, e baseia-se porém no reto interpretar.

b) Não têm os textos sagrados, em virtude de sua natureza particular, também uma hermenêutica particular?

Com certeza. Mas o particular é compreendido apenas através do universal. Do contrário, ele é sempre apenas agregado. Deve sempre dominar a confusão quando o "intérprete" mesmo não se elevou à hermenêutica.

Ernesti.

Isto pode não ser suficiente. As regras mesmas entram em colisão.

Da necessidade de uma hermenêutica geral.

## 2. Explicação da hermenêutica

a) A [opinião] habitual une o que não está relacionado e por isso abrange muito. A exposição da compreensão para outro é novamente uma apresentação, portanto discurso, portanto, não hermenêutica, mas objeto da hermenêutica. Este mal-entendido decorre do nome.

[2][1]

b) Ao contrário, ela diz muito pouco quando se refere a uma língua estranha ou a passagens que, na língua própria, necessitam de uma tradução.

Sobre a grande extensão do mal-entendido em todos os domínios. Passagens difíceis em uma língua conhecida surgem apenas porque se não compreendeu corretamente também o fácil.

Regras singulares sobre a compreensão do particular remetem sempre de novo a este erro.

Dupla máxima da compreensão. Tudo compreendido onde nenhum sem-sentido ocorre. Nada compreendido que não seja construído. Exemplo.

## 3. Análise do problema

a) Ela parte de dois pontos inteiramente distintos. Compreender na linguagem e compreender no falante.

A interpretação é arte por causa deste duplo compreender. Nenhum deles se completa por si.

[3]

Compreensão gramatical e compreensão técnica. Apenas de modo relativo aquela se chama hermenêutica inferior e esta superior.

Esquecer o escritor na gramatical e a linguagem na técnica. Até os extremos.

Elogio do discurso como um espírito linguístico formador.

---

1. Numeração acrescentada ao original pelo autor.

b) Discussão sobre a relação. Há um mínimo de gramatical e um mínimo de técnica, cada um ao lado do máximo da oposta. Oscilação variável entre ambas. Quanto mais objetiva a exposição tanto mais gramatical, quanto mais subjetiva tanto mais técnica.

Sobre a combinação das duas. Uma vez que cada operação pressupõe a outra, devem elas estar imediatamente ligadas. Isto vale também ali onde uma apenas se realiza no mínimo, porque eu não sei isso previamente.

[4]

O ponto máximo da interpretação gramatical está nos elementos através dos quais o objeto central é designado; o ponto máximo da técnica, nas grandes conexões e na sua comparação com as regras gerais de combinação. Por isso se deve igualmente apreender a conexão logo de início. Única solução possível, através de lição cursiva.

Relação com a filologia. Gramática invertida. Composição invertida. Não melhor que ambas.

c) Análise indireta do mal-entendido. Qualitativo. Falsa parte da esfera inteira – pode surgir a partir de ambas as operações.

Quantitativo. Compreender muito pouco. Compreender muito igualmente de dois modos. Todo erro é produtivo.

Deve-se compreender tão bem e melhor que o escritor.

## 4. Divisão

A combinação de ambas as operações se dá na aplicação. Nas prescrições se deve separá-las, porque cada uma tem seu centro particular.

A divisão principal, portanto, fica assim: primeiro a interpretação gramatical, depois a técnica. Gramatical sempre, porque obviamente no final tudo o que é pressuposto e tudo o que se encontra é linguagem.

Conduzir cada uma individualmente tanto quanto possível, mas também mostrar os pontos de ligação naturais que uma mantém com a outra.

O alvo de cada uma é, então, evitar as incompreensões qualitativas e quantitativas.

[5]

**Interpretação gramatical**

Ela é, portanto, a arte de encontrar o sentido determinado, pela linguagem e com o auxílio da linguagem, de um determinado discurso.

A primeira regra é: construir a partir do inteiro valor prévio da língua, comum ao escritor e ao leitor, e procurar somente neste a possibilidade de interpretação.

Nesta regra a língua aparece portanto como algo partilhável. Isto ela também é. Ninguém a possui inteira. Ela é divisível no tempo, e também divisível no espaço. No tempo, por meio de acréscimo, isto é, assimilação do estranho, composição e divisão do que lhe é próprio, e por aliteração. No espaço, por provincianismos e dialetos.

Aplicação provisória à linguagem do N. Test. Jargão da fronteira de duas línguas e duas épocas.

A regra refere-se ao mal-entendido qualitativo e também ao quantitativo. Pois a abundância da significabilidade depende da antiguidade e da proximidade.

Quando se a aplica às partes individualmente, mais se pode penetrar no particular. Estas são as palavras e as construções.

---

[6]

A regra é, por isso, a principal, porque cada determinação e fixação do particular individual deve ser uma operação progressiva que, a partir da interpretação do particular, determina por fim o sentido preciso do singular através de toda a sua circunvizinhança. Isto, porém, só é possível quando os diversos usos dos mesmos elementos se relacionam entre si tal como as modificações da língua no conjunto. Isto é, quando todos os significados particulares podem ser tratados sob um esquema comum, assim como todas as variações e alterações da língua em geral apresentam um padrão. Isto vale para os elementos formais bem como para os materiais.

Ao contrário, discute-se agora primeiramente a opinião habitual sobre a multiplicidade de significados, segundo a qual, seguidamente, o original resta por fim apenas como um motivo afastado.

A não validade desta opinião se esclarece em primeiro lugar quando se combina ambas as doutrinas opostas do significado múltiplo de uma palavra e do significado quase idêntico de palavras inteiramente diferentes. Vê-se, por isso, que toda a formação da linguagem seria algo extremamente "deturpado".

Torna-se evidente com isso, porém, que esta opinião combina o que a língua afasta e, inversamente, que por conseguinte ela parte de um ponto de vista inteiramente distinto. A saber, aquela opinião parte do ponto de vista da lógica do conceito, ao passo que a língua mesma, na sua formação, se baseia na intuição: cada esfera verbal é determinada por uma intuição. Os nomes de conceitos orgânicos[2], verbos e advérbios que partem todos de um esquema.

---

Assim se explica, antes de tudo, tanto o significado múltiplo das palavras, porque, com efeito, a multiplicidade que se depreende da mesma intuição pode ser subsumida sob conceitos muito diferentes, como também a sinonímia pela relação inversa.

Além disso, explica-se assim a individualidade das línguas, porque os pontos de vista pelos quais se determinam as intuições podem ser muito diferentes, e o que é assim construído a partir disso não pode mais ser harmonizado. Ao contrário, os conceitos precisam se deixar resolver puramente um no outro. Por isso, em regra, quando se trata de línguas primitivas, nenhuma palavra de uma corresponde completamente a uma de outra.

---

2. Conceitos empíricos [N.T.].

[7]

Este ponto de vista ajuda agora a clarificar o assim chamado significado múltiplo. – Enumeração dos mesmos conforme as oposições habituais. Eles se deixam reduzir sob o ponto de vista da intuição ao seguinte:

1. Que, por ser ele o habitual, se considere um caso particular como a esfera inteira do significado original. Isto é frequente no caso de metáfora e em todos os casos de metagonia, p. ex.: a) movimento e figura são idênticos para a língua ali onde a figura pode ser geneticamente processada – *planta serpens*; b) o teórico e o prático são seguidamente idênticos para a língua, p. ex., δοκεῖν, ἔοικα, porque o conhecer sempre também pode ser visto como um manipular; c) do mesmo modo também o ideal e o real. Muitas expressões sensíveis, p. ex., alto e baixo, claro e escuro portam, no modo como determinam, que um membro da oposição seja tomado como positivo e o outro negativo, o que é um claro vestígio de que elas não são apenas sensíveis, mas no fundo nelas está uma intuição universal. Por isso, o uso universal de luz e trevas para o inteligível, tanto no teórico como no prático, em quase todas as línguas.

2. Que o conteúdo da intuição seja delimitado por uma determinada esfera já dada através da concatenação. Disso faz parte: a) o que para o ato de fala cai sob a fórmula *continuo pro contento*. A esfera na qual ocorre a união do *continuo* com o *contento* é já dada e o conjunto é apenas visto como uma elipse no individual daquilo que já é pressuposto como conhecido no todo; b) sobretudo, disso faz parte tudo o que é técnico, não importando se científico ou religioso, político ou artesanal. Neste último, a origem de muitas palavras, p. ex., nomes de instrumentos, como também de ações, é difícil de explicar, as mais das vezes também porque elas derivam de incultos. O mesmo vale para a terminologia de todos os jogos. – Nas ciências deve-se notar que as mais das vezes trata-se de conceitos e, portanto, em vista da concisão, os conceitos individuais devem ser apresentados por palavras individuais. Por conseguinte, o que em geral vale de cada esfera em que se apresenta um objeto explícito, a saber, em

que se atinge uma grande exatidão na discriminação e que se queira também que o semelhante seja tratado como oposto, isto toma aqui a seguinte direção: que se explique como superada a conexão em uma intuição comum e se alcance a determinação das palavras por definições.

[8]

Também surge uma pretensão sobre as expressões apropriadas para a ciência, mas ela nunca pode ser cumprida. Elas são sempre aquilo que se nomeia em geral figuradamente, e, quando assim não se parece, isto acontece porque elas não são mais compreendidas geneticamente. Isto é um morrer, portanto, um deteriorar-se da língua, contra o qual o remédio se encontra apenas nas concepções de ciência que sempre se renovam continuamente a partir do seio da intuição, que cria sempre novas e vivas terminologias. – Quando a filosofia é o centro de toda a ciência e se baseia apenas em intuições de espécie superior, então vê-se que o domínio dos conceitos é apenas um ponto de passagem para a língua. A opinião de que o trópico seria a verdadeira completude da língua está conectado com a de que o conceito é o superior na ciência.

3. Que se confunda o que pertence à interpretação técnica com o que pertence à interpretação gramatical. Para isso: a maioria das metáforas que são epexegeses, como *coma arborum, tela solis*, onde as palavras transpostas mantêm inteiramente o seu próprio significado e seu efeito atua apenas por uma combinação de ideias com a qual conta o escritor. Precisamente daí as alusões técnicas: os jogos de palavras, o uso de provérbios, as alegorias, onde a interpretação gramatical concerne ao sentido literal e a questão (sobre) o que o escritor propriamente disse pertence à técnica. O mais geral aqui é que o pensamento mesmo, assim como ele se dá pela interpretação gramatical, não pertence ao representado, mas apenas à representação, por sua vez é de novo signo. Agora, onde e como isto se dá, somente pode ser encontrado pela interpretação técnica.

[9]

Se, agora, o princípio da unidade do significado também vale para o elemento formal, a estrutura. Em e por si mesmo é improvável, porque sempre há oposição entre ambos, e as palavras sempre designam (algo) objetivo fixo; a estrutura, ao contrário, (designa) a mera referência do eterno fluxo. É improvável também na experiência, porque a estrutura de cada língua intervém em quase todas as estruturas homogêneas de todas as outras.

Esta pressuposição altera-se quando se considera:

1. Que a oposição entre o elemento material e o formal é comunicada pelas palavras formais ou partículas, as quais sempre designam apenas relações e, contudo, têm o caráter de palavras autônomas; portanto, bem deveriam estar sob suas leis.

2. Que em algumas línguas, o que em outras é designado pelas partículas, designa-se somente pela estrutura, e inversamente, que em algumas também a mesma coisa é designada pelas duas, o que denota uma identidade. Como é também em geral uma parte intrínseca da característica individual das diversas línguas que uma seja pobre em partículas e rica em processos de flexão, p. ex., o hebraico; outras ricas em partículas e pobres em flexões, p. ex., o alemão; e uma terceira, rica em ambas, p. ex., o grego.

[10]

3. Que nem sempre as partículas são termos que servem de relação, mas uma grande parte dos pronomes e adjetivos podem ser também e são substituídas pela estrutura. [*Obs.*: Ali onde os dois se produzem, não há lugar, é verdade, para supor aí uma verdadeira sinonímia, mas sim, por referência à oposição pressuposta, uma similitude. No hebraico toma-se indevidamente os sufixos como pronomes e os prefixos como partículas; eles não são senão processos de flexão. Aquilo que em outras línguas serve para se fazer adjetivos e pronomes, ali isto não se intregrou à palavra senão para casos precisos e nada subsiste senão o modo de formação, o que é precisamente o caráter da estrutura. Transições em direção a isso em outras línguas: as partículas inseparáveis.] A oposição parece, então, já abolida também na realidade.

4. Se considerarmos a coisa em si mesma e aceitarmos o que foi afirmado a propósito da significação das palavras, a saber, que os elementos materiais não apreendem o que é considerado como seu objeto enquanto algo objetivo, fixo, mas como vivo, qualquer coisa que evolui, e que entretanto muitos dos elementos materiais não exprimem senão relações, veríamos que a oposição certamente existe, na língua e seu domínio, entre o eterno e o inconstante, mas que ela não é, [sofregamente é justo exceptuar as palavras Deus e eterno,] repartida entre os elementos separados da língua real; nestes, os dois aspectos são, ao contrário, sempre reunidos com uma diferença relativa.

Agora, disto segue-se que o princípio da unidade do significado vale sempre tanto para o elemento formal como para o material. Cada partícula e cada flexão tem um único significado verdadeiro, em relação ao qual cada emprego se relaciona como o particular para com o universal e, portanto, cada emprego em relação a outro como um particular aos outros (particulares).

---

Cada emprego, portanto, é apenas um particular, onde a unidade essencial é misturada com um acidental. A unidade essencial, então, não se apresenta jamais como tal em si. Não se pode, então, determinar um particular através de um caso determinado de outro particular, nem um emprego a partir de outro, por causa da intuição prévia aí contida. Mas, pode-se determinar um emprego desconhecido apenas com a ajuda da unidade essencial. Esta, porém, jamais se encontra em si; portanto, não é também pressuposição que se a tenha, mas ela pertence ao que deve ser buscado.

Por isso divide-se a tarefa da interpretação gramatical em duas partes: 1) determinar o significado a partir do emprego dado; 2) encontrar o emprego posto como desconhecido a partir do significado.

---

Como assenhorar-se do significado? Isto é, como se chega originariamente a um dado emprego, e então, a outro. Como se apreende originariamente a compreender? É a operação mais difícil e o fundamento de todas as outras, e nós a realizamos na infância.

Para a criança deve parecer indeterminado a que se refere, no objeto, o nome. Também a isto ela chega somente através de muitas comparações, e isto é obviamente particular. Apenas através de composição e comparação de particulares chega-se à unidade interna. Ela é aquilo que em todo particular da intuição é representável. Completude do particular, porém, jamais é de se esperar; logo, a tarefa é um infinito. Como pode ser restituída a completude? E mesmo que se a tivesse, qual seria a garantia para a justeza da concepção da unidade interna? A fiança não poderia ser outra vez uma regra metódica, mas apenas o sentimento; e de novo este sentimento deve também restituir a completude.

A segurança deste sentimento somente pode agora decorrer disso, que cada emprego perdido facilmente se resolve na unidade suposta, que esta mesma é apropriada ao caráter da língua. Isto confirma-se, porém, apenas através de analogia com outras unidades, então, também se ganha segurança apenas com as demais. Que se tenha apreendido o caráter da língua se mostra, contudo, no homem simples apenas, pela inteira dissolução do pensamento na língua; nos outros, pela comparação de várias línguas. Quem perdeu sua inocência filológica pode, também para o habitual, encontrar prosperidade apenas na ciência filológica.

A solução do problema também é, portanto, possível apenas por aproximação.

Visto que é difícil para cada indivíduo aceder à unidade das palavras, assim deve ser difícil também para cada povo. Disso resultam três períodos em que uma língua alcança o seu fim completo: 1) aquele em que nela ainda não há consciência clara da unidade de suas palavras; 2) aquele em que a consciência penetrou a língua completamente; 3) aquele em que esta riqueza produz de novo confusão e falsos empregos. Assim, também a unidade das palavras é algo histórico e tem seu florescimento. E a regra há pouco estabelecida vale também para este trabalho preliminar. Deve-se, na derivação de um particular determinado, partir apenas daquela clareza e determinidade da unidade das palavras, que o autor e o leitor original podiam ter em comum.

[12]

Para estabelecer a extensão da analogia própria ao particular, seja em geral ou para o momento, servem os dicionários. Portanto, eles podem ser elaborados somente a partir de um de dois pontos de vista: 1. ou a unidade é posta como algo desconhecido, e então eles constituem apenas uma coleção de uma variedade de tipos de uso particulares, com referências, de maneira que cada um possa julgar a exatidão. Exemplo desse tipo são os *Buddaei Commentarii*; 2. ou eles põem a unidade como conhecida. Então, eles introduzem os usos particulares como demonstrados. Assim querem ser a maioria dos dicionários. Mas, ao invés da unidade verdadeira, que ela mesma nunca aparece e para a qual, portanto, não há exemplo nenhum, erigem um uso particular, ou o mais habitual ou o mais sensível, como o assim chamado significado mais próprio e deste derivam. Isto é uma deturpação e a primeira regra é usar cada dicionário dessa composição apenas como se fosse um da primeira espécie e se abster provisoriamente de qualquer julgamento.

[13]

Um dicionário do segundo tipo teria que estar completamente de posse do espírito (Geist) de sua língua, e, enquanto indicação da unidade da palavra, teria que conter toda a informação para uma exposição sistemática do modo de intuição da língua. Quanto mais, porém, a isto se chega, tanto menos se quer esclarecer uma língua através de uma outra determinada, a saber, por comparação de esferas verbais; mas sim, ou permanecer em sua própria língua, ou fazer a comparação no principal com consciência da diferença e sempre apenas no particular. A comparação plena com uma língua acontece apenas com uma outra derivada, com um emprego aparentado ou com a língua primitiva. Não obstante isso, a maioria dos dicionários trazem esta comparação unilateral, porque nunca se considera o estudo da língua como fim, mas apenas como meio. Segunda regra, então, que se destrua desde o princípio cada identificação de esferas de palavras nas línguas originárias.

[14]
Tendo-se agora, seja por analogia, seja com ajuda de dicionários, um conjunto de modos de uso individuais indubitáveis, então, a regra para descobrir a unidade é a reunião do particular mais oposto. Quanto mais completamente este se deixa resolver em um significado pressuposto, tanto mais seguro é este o correto.

[Também aqui não se deve usar imediatamente o esquematismo dos dicionários, mas somente após a retificação dos erros gerais indicados. Deste esquematismo deveria então surgir, também, através da comparação dos (elementos) formais mais opostos, a unidade do modo de intuir próprio do povo falante, da melhor maneira possível.]

Cautela neste procedimento depreende-se do que foi dito. Prioritariamente, não se pode descurar da diferença dos períodos da língua estabelecidos, porém, também não buscá-los meramente no tempo, pois durante o florescimento e na vida superior da língua todos eles coexistem.

[15 e 16]
Em consequência do dito acima vale agora também o mesmo para a investigação da unidade dos elementos formais.

Deve-se, do mesmo modo, tratar cada língua em si e não querer igualar os elementos. Os gramáticos cometem o mesmo erro que os lexicógrafos, tanto com as partículas como com as flexões.

Pormenorizadamente, em diferentes exemplos e aplicação da regra acima referida aos elementos formais em todo o seu alcance.

A comparação de diferentes línguas, mesmo quando se parte apenas da absoluta diversidade, é seguramente um meio excelente para encontrar o modo de intuir próprio de cada uma nessa perspectiva, a saber, a intuição das relações.

[17-30]

A principal tarefa da interpretação gramatical é, então, conforme o pressuposto conhecimento do significado, encontrar para cada caso dado o verdadeiro uso que o autor tinha em mente, evitando tanto os falsos como também o muito e o pouco.

Relembrar o princípio geral da relação da multiplicidade individual com a unidade, a saber, que não é alargamento ou derivação, mas apenas restrição do domínio todo.

Disto (segue-se) a regra geral para a interpretação gramatical, a saber, que a restrição é determinada pelo contexto.

Tudo o que pode ser objeto da hermenêutica é parte de uma sentença. Cada sentença consiste em geral de material e formal. Assim, cada um é a condição para a compreensão do outro. Enfim, também esta tarefa (é) algo indeterminado, resolvível por aproximação.

*1. Da descoberta do uso determinado do elemento formal*

a) Determinabilidade do elemento formal pelo material. Este ajuda especialmente a determinar a extensão do que está associado, seja quando uma sentença subordinada se une a uma outra ou quando solicita um novo conjunto, portanto, para evitar o muito ou o muito pouco, e isto por identidade ou diferença do sujeito ou predicado. [O domínio do formal originalmente se determina através da maneira de tratamento da ação, indicada explícita ou implicitamente: épica, histórica, filosófica, coloquial, lírica.]

b) Determinabilidade do elemento formal através de suas duas partes opostas. A saber, partícula e flexão compõem muitas vezes conjuntamente uma totalidade que, por isso, já é algo limitado. Também a oposição do modo de flexão é modificada pela intervenção das partículas.

Cautela geral para ambos. Não se deve crer (que) o exposto possa ser determinado meramente através do passado, mas tomar o futuro com cuidado. Demonstração em a) e b), principalmente em a).

Dificuldades nisso: primeiramente, dificuldades adicionais, para a estrutura livre, seguidamente é difícil de determinar qual (elemento) formal está relacionado ou qual formal pertence a qual material, ou qual material se relaciona a qual outro material – aumenta ainda pelas homonímias da gramática ou pela desrelação entre flexões e partículas. Aqui se deve incluir o desconhecimento da língua, [que, acerca das particularidades da língua, sempre (é) proporcional como um momento variável.]

De passagem, sobre o valor da estrutura regrada e da livre. A primeira jamais pode fecundar a língua como algo vivo, pelo menos uma tal língua é surdo-muda, o que se pode dizer à risca também da francesa. Ela, portanto, pode apenas ser instrumento e na verdade apenas da personalidade. A língua francesa é (o) ideal da corruptibilidade pela natureza conceitual e pelo contínuo manifestar-se da personalidade. A ideia de tornar-se língua universal – [querer isto é a loucura que surge naturalmente dessas duas regras.]

Dificuldade principal. Quanto mais abrangente a unidade, tanto mais difícil de se encontrar o uso particular restrito. Ora, se a extensão chega ao vago e indefinido, então, não se deve também exigir nenhuma compreensão mais determinada da que pode residir nos falantes a partir da natureza da língua. Tendência das línguas modernas, multiplicar e entorpecer a unidade. Porém, isto também acontece seguidamente no manuseio das línguas antigas.

Aplicação ao N. Test.: 1) Os autores têm uma consciência inteiramente obscura da língua. Assim, deve-se por toda a parte contar com o fixo. 2) Visto que a unidade é composta de imagens comuns gregas e hebraicas, então, seguidamente é ambíguo de onde a delimitação deve partir; por isso, tão seguidamente diferentes explicações, igualmente prováveis. 3) Também o tipo de determinação original foi seguidamente perdido, porque, p. ex., o que em hebraico tinha o caráter externo de poesia, em grego não o tem mais. Sentenças, parábolas. Dificuldade para determinar o valor das partículas temporais nos escritos históricos.

[23]

## 2. Da descoberta do emprego determinado dos elementos materiais

a) Determinabilidade através do formal. A estrutura dá indicações sobre as delimitações determinadas. Construção dos substantivos e verbos com diferentes preposições e casos. *Obs.*: Isto não é tão importante, como se crê normalmente, nem dá lugar a significados tão diferentes [p. ex., *petere aliquem* e *ab aliquo*], mas sempre torna claro qual elemento da intuição inteira recua ou avança.

Daí este meio valer principalmente contra o mal-entendido qualitativo, e não se encontra tanto no geral quanto no contexto imediato.

Aplicação ao N. Test. Aqui é menos prestimoso e deve ser aplicado com muito cuidado por causa do emprego "momentâneo"[3] dos elementos formais.

b) Determinabilidade através do contexto material. Este é um (recurso) duplo, no geral e no particular. 1. No geral. O objeto principal e o modo de tratamento pré-escrito determinam a relação na qual um sujeito secundário está para o sujeito principal e assim se pode determinar a delimitação de sua esfera. 2. No particular vale a regra principal, que o sujeito seja esclarecido através do predicado e o predicado através do sujeito. *Obs.*: 1. Onde ambos se limitam mutuamente de um modo determinado aí origina-se o que se chama uma frase. 2. A explicação a partir das partes alargadas do discurso se vincula a isso também, pois esta se deixa reconduzir sempre a uma sentença simples de sujeito e cópula. 3. A determinabilidade a partir do geral é mais exclusiva, a que parte do contexto imediato mais tética.

Recursos suplementares. 1. Se o sujeito não pode ser determinado imediatamente através do predicado, então mediatamente através do predicado da *oposta*. Deve-se apenas estar se-

---

**3.** Palavra de leitura duvidosa no original.

guro de se ter uma verdadeira oposição. Grande vantagem da proximidade imediata sobre a distância. As línguas antigas tinham-na mais na proximidade e designada rigorosamente através da língua mesma. *Obs.*: Ela deve poder ser encontrada sempre onde há uma rigorosa conexão. Pois nada se deixa manejar sem oposição. Porém, é difícil tornar-se consciente de seu cálculo exato e também da idêntica e contínua concepção do autor. Necessidade de leituras prévias para se conhecer a articulação do todo e saber se e onde tem-se que esperar recursos dessa espécie.

Aplicação ao N. Test. Muitas oposições imediatas, dadas por causa do tipo peculiar da composição hebraica. Mas nas afastadas é pouco confiável, por causa do procedimento inexato do escritor. Também as oposições principais, espírito e carne, ... e ...,[4] luz e trevas, céu e terra, são tão largas e abrangem muito que, por sua vez, elas são determináveis de diversos modos.

2. Se o contexto da palavra, no seu lugar imediato, não pode ser empregado para o seu esclarecimento, então, pode-se usar os contextos da mesma palavra em uma outra passagem ou passagem *paralela*.

Condição de sua aplicabilidade. A identidade seguramente não é nunca algo "vivo". Assim, todo lugar é bom apenas quando se sabe seguramente que o emprego é o mesmo. Porém, como se pode saber isso, uma vez que ele está em um lugar = x? 1. Passagens paralelas do mesmo discurso articulado. Elas são ou próximas ou afastadas. Isto também não é determinado localmente, mas pela articulação do discurso. Próximo, aquilo que está ainda em uma linha de pensamento ininterrupta com a precedente; afastado, onde um certo grande parágrafo coloca-se entre a precedente. [*Obs.*: Ao próximo pertence também o que é separado apenas através de uma sentença intermediária. Portanto, também aqui é novamente necessário uma vista geral do todo.] Quanto mais rigorosa e articulada cientificamente a exposição, tanto mais fácil se torna distinguir um do outro. Pertence à natureza das coisas que: a) uma palavra usada como sujeito numa

---

**4.** Palavras ilegíveis no original.

série consecutiva de pensamento também seja usada do mesmo modo determinado. Exceção em tudo o que se assemelha a trocadilho. Mas ali o contraste da determinação é explicitamente indicado; b) uma (palavra) predicativa seja empregada com a mesma determinação quando estiver conectada com o mesmo sujeito. Aqui, porém, a identidade do sujeito é mais a identidade da esfera em relação ao objeto do discurso. Afastadas são as passagens exteriores à concatenação com as passagens a esclarecer. Aqui, portanto, deve-se ter cuidado com a identidade da linha de pensamento ou de pensamentos, e com a relação das expressões esclarecedoras com o pensamento. Quanto mais científica a exposição, tanto mais fácil de distinguir. Quanto mais livre, tanto mais o fundamento da distinção do paralelismo se apoia sobre um agregado de momentos particulares menos concatenantes.

*Expansão da aplicabilidade.* Uma vez ultrapassado o encadeamento contínuo imediato, não se tem mais necessidade, observando a mesma regra, de permanecer no mesmo escrito e no mesmo escritor. Apenas não se deve sair da esfera das regras estabelecidas.

Por isso um escritor deverá ser visto como vários, caso ele tenha escrito em vários gêneros, salvo no que se refere ao seu próprio uso linguístico.

Ao contrário, vários escritores são vistos como um, e esclarecidos uns pelos outros, quando pertencem à mesma esfera, período, escola. *Obs.*: 1. Novamente isto remete ao fato que, na interpretação gramatical, o falante é pensado como órgão da língua. 2. Também se pode tomar esclarecimento das diferentes escolas de um mesmo período, para medir na diferença ainda o que lhes é comum, também de diferentes períodos de uma escola, porém isto pertence naturalmente à compreensão superior, a qual ultrapassa o escritor mesmo.

Como se emprega passagens paralelas? 1) Quanto mais técnica for a expressão, tanto mais ajuda se encontra. a) Porque ali muitas passagens podem socorrer; b) porque se encontra seguidamente passagens onde os esclarecimentos exatos são dados. 2) Quanto mais se trata da esfera da comodidade não técnica, tanto mais difícil. Aplicação disto ao N. Test. Isto é especialmente difícil. Embora formem um todo, como produto de uma ideia, e como escola de um mestre. Ao mesmo tempo, porém, ali ainda não há nenhuma técnica, mas primeiro o empenho em formar uma a partir de outra antiga, cuja ideia não é suficiente, e a partir da língua comum.

O verdadeiro recurso consiste nisso, que: 1) a esfera de uma expressão geral é determinada por um exemplo dado, ou 2) por uma determinação secundária indicativa dos limites da esfera, ou 3) a sentença recoloca com outras palavras o mesmo conteúdo, ou 4) o incompreensível de uma expressão que é retomada da indivisibilidade da oposição é esclarecida por outra sem ambiguidade. *Obs*.: Apenas não se deve, por isso, igualá-las, mas também procurar a razão da diferença.

Isto tudo se relaciona mais com a redução do mal-entendido qualitativo. Além disso deve-se falar

*da descoberta da determinação correta do aspecto quantitativo da significabilidade,* para que em nenhum lugar se busque muito ou pouco. *Obs*.: 1. Isto é habitualmente exposto na doutrina da ênfase, todavia, abrange muito mais. 2. Também aqui tem-se que distinguir bem a compreensão do escritor *"al pari"* e aquela pela qual se o desconsidera.

Os diferentes graus da significabilidade dependem da situação da língua. Em algumas ainda não são encontradas diferenças suficientes; assim também a duplicidade das expressões ainda não está aí, sobre as quais a significabilidade superior se baseia. Em outras as diferenças são encontradas, mas o uso da unidade original ainda não foi perdido. Aqui se pode ter, portanto, uma clara consciência dos diferentes processos e seu fundamento conhecido. Noutras ainda, todas as oposições são formadas, a identidade original, porém, está nelas perdida. Aqui surgem então expressões que descendem daquela, mas são tomadas como um artifício vão e usadas como tal.

Causas de falsas interpretações da significação no N. Test. 1) Por analogia com outros textos antigos, Moisés e Homero, deve ser ele a fonte de toda a sabedoria. Por isso a interpretação artificial e a possibilidade de não querer suportar ali nada de insignificante. 2) Em nome da inspiração literal: a) a doutrina da infinitude do sentido e, b) a máxima segundo a qual nenhum tropo é admitido, mas apenas em caso de extrema necessidade.

Em vista da esfera religiosa, o N. Test. permaneceu propriamente no primeiro período. As oposições, também aquelas em relação ao judaísmo, ainda não tinham se formado completamente. Nota-se por toda parte o esforço contra a língua para alcançar, não obstante a identidade da expressão, a diferença do designado. Com certeza, a este segue-se muitas vezes o terceiro, por uma passagem através do segundo, que em parte ainda subsiste no N. Test., aquele mesmo, porém, nunca se encontra no N. Test., e o intérprete deve se apoiar firmemente no segundo.

Regras gerais, para a determinação correta da significabilidade, deixam-se fornecer parcamente. Os contextos indicam o acento e o tom do conjunto. Com estes deve a interpretação enveredar numa relação equivocada, se nisso se busca muito ou pouco.

## Suplemento

1. Sobre máximas invertidas de interpretação, às quais não se pode chegar no decurso de um encadeamento contínuo.

a) Analogia a partir da história, da experiência, do entendimento sadio. Pode-se ter uma falsa narrativa, não há nenhum juiz sobre o alcance da experiência, como tampouco sobre o entendimento sadio.

b) Pela analogia da doutrina. [Portanto, com o problema de remover contradições. Estas duas devem ser tomadas separadamente. Assim o foi também nas preleções. Pois ambas caíram em duas lições diferentes. Estas têm] a ver com a extensão, que se deduz do paralelismo, que muitos estão para um único. Porém, a aplicação é ilegítima, pois, isto pode apenas aplicar-se ao significado linguístico. No interior de cada escola determinada, variações podem ser encontradas, porque cada uma modifica-se de muitas maneiras. [Da superação das contradições: 1. Dogmática.] Quando a contradição é apenas aparente e, portanto, no

fundo ocorre uma interpretação incorreta, então, isto se deve indicar também de uma outra maneira. Se ela é real, então, não ajudam em nada o artifício e as sutilezas na interpretação, pois quanto mais artificiosa, tanto mais seguramente falsa. Ela não é, portanto, um sintoma, senão crítico, e assim outras dificuldades devem ser encontradas na interpretação. A contradição de um escritor consigo mesmo deve ser vista, desse modo, quando ela não é simultânea. Pois cada um deve ter direito de modificar sua opinião.
2. Histórica. Atinge especialmente testemunhos oculares. É natural que um narre circunstâncias diferentes que um outro. Em narrativas de vários acontecimentos idênticos p. ex. ...[5] ao contrário, para a anedota, não se deve naturalmente confundir com os outros. É natural também que um narre a mesma coisa diferentemente conforme a disposição, conforme os ouvintes, conforme o objetivo final.

Aplicação ao N. Test. Do ponto de vista dogmático, considera-se como uma escola. A maior parte das contradições são apenas aparentes, surgem pela falta de definição necessária. Paulo e Jakobus empregam πίστις com diferentes significados. Histórica, tem-se concedido muito à inspiração. Não há obviamente nenhuma narração completa, pois esta iria ao infinito. Mesmo se os escritores fossem apenas órgãos do espírito sagrado, deveriam ocorrer diferenças. A construção da harmonia não pertence à hermenêutica, mas à crítica histórica. Porém, elas podem ser meios auxiliares para a interpretação técnica.

3. Do uso de interpretações alheias. a) Comentadores e escoliadores sempre têm apenas uma opinião, a qual deve ser provada hermeneuticamente. Elas servem, por isso, unicamente apenas para guiar a atenção a objetos que sem isso ter-se-ia omitido.
b) Glosadores podem servir apenas enquanto testemunhos verdadeiros, na medida em que eles, ou ainda tenham vivido na identidade do uso linguístico, o que não foi o caso nem nos profanos nem neotestamentários, ou quando se acredita que eles contenham passagens paralelas válidas.

---

5. Frase com palavras ilegíveis no original.

4. Do exercício na interpretação gramatical. Desculpa, por causa dos exemplos omissos que *in concreto* sempre deveriam estar associados à operação contrária; os dados para o julgamento nunca foram reunidos.

Disso segue-se que os exercícios apenas podem ser elementares. Lexical e gramatical. Cada lição e mesmo a vida diária dão a ocasião para isso.

**II' – 1810-11**[6]

*Tarefa.* Encontrar a originalidade da composição a partir da idéia da obra.

*Comentário.* 1. A escolha indica a capacidade de combinação em ligação com a aplicação. 2. Digressão, anexo, execução indicam o modo de pensar do escritor.

Para isso, sobretudo: a) o rigor do estilo – este parece ser seguidamente uma individualidade comum de um conteúdo; b) a popularidade – esta se toma por um caráter do gênero. Mas isto vai até o elementar. Seguramente deve-se tomar em consideração o objeto. Divisão em obras e escritos de ocasião.

*Condição.* Deve-se conhecer a totalidade que ele tinha à disposição – Recursos para isso: analogia, escritor congênere, oposição. – Grande precaução por causa da época.

Poder-se-ia dizer que a individualidade deveria ser imediatamente apreendida. Esta é a outra oposição. Ambas em diferentes casos e diferentes graus.

Aplicação ao N. Test.

A especificidade do uso linguístico.

Introdução:

1. Quanto mais remota e simples a língua, tanto maior o campo de ação.

---

6. Texto composto de notas rápidas e incompletas.

2. Extensão, do uso esclarecedor até o fixado na língua.

3. Isso se divide, com efeito, em duas tarefas.

*Primeira tarefa.* Determinar o domínio linguístico do escritor.

1) Pelo caráter do discurso, histórica e filologicamente. Este não tem nada a ver com a particularidade.

2) Pelo caráter da época. Este atua limitando. Muitos pertencem à atualidade e ao futuro numa proporção maior do que eles podem mostrar através da língua.

3) Pelos preconceitos e opiniões dominantes sobre a língua, em parte enquanto ele mesmo é dominado por eles, não obstante isso, descrever a originalidade; em parte enquanto os usa como meios de expressão.

Meios para determinar o domínio da língua.

1) Pela teoria – e regras gerais que nunca chegam até o individual, pelo menos.

2) Pela comparação do que é dado em um domínio e no oposto. Xenofonte, Teofrasto, Platão. Corolário: difícil naqueles que são singulares, como Píndaro e em muitos aspectos Platão.

Componentes do domínio da língua.

1) Seleção – Palavras afundam, palavras são excluídas.

2) Uso do mesmo modo.

Aplicacão ao N. Test.

*Segunda tarefa.* Determinar a particularidade a partir do domínio linguístico.

*Comentário.* Somente ela é a verdadeira subjetividade. Em um ela pode atravessar através de muitos domínios; estar... em muitos, no mesmo.

Duplo *método*. Intuição imediata e comparação. Ambos devem se entrelaçar. A comparação sozinha nunca chega à individualidade mesma. A intuição nunca chega à comunicação. A mediação é a comparação com a totalidade do domínio linguístico.

*Momentos principais*. 1. Seleção dos elementos, palavras, significados de palavras, elementos formais ou estruturas. 2. Arranjo do particular pela relação de liberdade da língua no conjunto.

1) Onde a interpretação gramatical abandona: a) ἅπαξ λεγόμενα ou semelhante. 1) Quando a próxima parte da totalidade de pensamento está concatenada. Tudo o que se intercala..., comparar as hipérboles com o...[7]

2) Quando eles não estão relacionados: a) relação ao precedente. Questão de saber com o que se pode concluir este complexo; b) relação ao futuro. Questão (de) como este escritor "pensa" antecipadamente. *Obs.*: Não meramente lógica, mas individualmente.

b) Tropos. 1) Não determinado metafórica e ordinariamente através da concatenação.

1. Sobre a concatenação lógica. 2. Paralelo com analogia. 3. No final, após "repetida" leitura, encontram-se os extremos relativamente conjugados. No problema, a violência da língua e a violência da ideia são, ambas, idênticas.

---

**7.** Palavras ilegíveis no original.

## III – EXPOSIÇÃO SEPARADA DA SEGUNDA PARTE [1826-1827]

Segunda parte. Da interpretação técnica

[I]¹

Introdução. Paralelo com a interpretação gramatical. Gramatical. Compreender o discurso e a composição a partir da língua. Técnica. Compreensão como exposição do pensamento. Composição pelo homem. Portanto, também a partir do homem. Gramatical. O homem, com sua atividade, desaparece e surge apenas como órgão da língua. Técnica. A língua, com seu poder determinante, desaparece e surge apenas como órgão do homem, a serviço de sua individualidade, como no outro caso a personalidade está a serviço da língua.

Gramatical. Impossível sem a técnica. Técnica. Impossível sem a gramatical. Pois, por onde conheço eu o homem senão apenas através de seu discurso, tanto mais que em referência a este discurso?

Gramatical. (O) ideal, todavia, da tarefa em sua parcialidade: a compreensão com inteira abstração da técnica. Assim também (para) a técnica. O ideal: compreender com inteira abstração da gramatical.

[Comentário.] A saber, de tal maneira que: 1) no caso do conhecimento de um escritor, também se espere um certo modo e um certo gênero, independente da língua, uma vez que ele poderia ter escrito em outra língua; 2) se compreenda conexão e conteúdo, propriamente objeto da interpretação gramatical, unicamente a partir da lei de combinação do homem.

---

1. Numeração acrescentada ao original pelo autor.

Gramatical. A compreensão apenas alcançada a partir da conexão de todos os contextos. Técnica. A reconstrução da combinação igualmente apenas se completa com a progressão no detalhe, somente no ato de o fazer.

A gramatical se divide em duas tarefas opostas; assim também a técnica. A unidade do homem deve ser encontrada e as expressões desta unidade devem se tornar conhecidas precisamente.

Gramatical. Uma é, enquanto unidade, uma intuição geral; a outra, enquanto multiplicidade, uma delimitação parcial. Assim também a técnica. A unidade, intuição geral da totalidade de um homem enquanto escritor; a multiplicidade, aplicações particulares da mesma a casos determinados.

Gramatical. Cada uma pressupõe a outra. Do mesmo modo a técnica. Pois de onde se deve apanhar a intuição geral senão pela conexão das (intuições) parciais opostas. Deve-se, portanto, já ter compreendido estas, e de onde compreender seu conteúdo senão a partir da unidade geral.

Gramatical. O objeto é a língua, não como conceito geral, também não como agregado de particularidades empregadas, mas enquanto natureza individual. Técnica. Objeto, a capacidade de combinação e de expressão, não enquanto conceito geral, leis lógicas, também não enquanto agregado empírico, mas como natureza individual.

[Comentário.] 1) Na língua, enquanto conceito geral, nada resta senão as formas necessárias para sujeito, predicado e sintaxe. Estes não são nenhum meio de esclarecimento positivo, mas apenas negativo, porque o que os contradiz não pode ser compreendido. Do mesmo modo a capacidade de pensar as leis lógicas, enquanto conceito geral; o que as contradiz não pode ser visto como capacidade de pensamento, mas a partir dele de modo algum a capacidade de pensar se deixa compreender. 2) As observações linguísticas, enquanto agregado empírico, não são nenhum meio de esclarecimento, mas produtos para os quais, através de novos esclarecimentos, sempre mais pode ser adicionado. Do mesmo modo a técnica. As observações sobre as capacidades combinatórias ou leis psicológicas. Elas são apenas marcas superiores para fazer sobressair o que lhes é contraditório, como algo de particular e próprio.

Gramatical. A natureza individual da língua é manifestação de uma modificação determinada da capacidade de intuição. Técnica. O caráter, enquanto natureza individual, é igualmente uma modificação determinada da capacidade de pensar. Orgânico com os entes naturais[2]. Cada planta é (uma) modificação especial, harmonicamente realizada, do aludido processo.

[II]

Gramatical. A individualidade da língua de uma nação conecta-se com a individualidade de todas as suas obras comuns. Com esta conexão, porém, e seu centro comum, nós não temos nada a fazer. Assim também tecnicamente. A individualidade da combinação e apresentação conecta-se com toda outra expressão da individualidade, e quanto mais precisamente se conhece uma, tanto mais se encontra a analogia. Nós, porém, não temos nada a fazer com esta conexão e seu ponto central, mas apenas com a originalidade da exposição = estilo. Comentário sobre o que se emprega em todas artes e no estilo.

Gramatical. Os elementos de uma língua, enquanto apresentações de uma capacidade de intuição particularmente modificada, não podem ser construídos *a priori*, mas reconhecidos apenas através da comparação de uma grande série de casos individuais. Do mesmo modo, tecnicamente não se pode construir *a priori* as diferentes individualidades.

Gramaticalmente, nenhuma individualidade se pode compreender em um conceito, mas elas exigem ser intuídas. Tecnicamente, do mesmo modo. De nenhum estilo se deixa dar um conceito.

Gramaticalmente, a compreensão completa da língua seria apenas a compreensão do ponto médio. Tecnicamente, do mesmo modo, o estilo é compreendido apenas através do mais comple-

---

2. Frase incompleta no original.

to conhecimento do caráter. Isto é, porém, em ambos os casos, inabordável e apenas alcançável através de aproximações.

Gramaticalmente, a pressuposição recíproca das operações contrárias não supera a possibilidade, mas apenas a determina precisamente, assim também a técnica. Há expressões individuais mais fáceis [mais fáceis, i. é, das quais não é preciso primeiro uma interpretação técnica, mas que só são gramaticalmente compreensíveis,] pelas quais se chega à primeira intuição geral da originalidade. Esta torna compreensíveis as expressões mais difíceis, as quais novamente aperfeiçoam a intuição e assim ao infinito.

Contra isso poder-se-ia dizer que o que pode ser compreendido gramaticalmente não pode também trazer a originalidade à intuição. Porém, poderia ser compreendido gramaticalmente, mas não reconhecida a necessidade; mas poderia, gramaticalmente, com o mesmo direito, ser diferente de múltiplos modos. Por isso que tais passagens têm seu fundamento determinante na originalidade, a qual pode ser, portanto, conhecida até certo grau através de "transição". Diz-se que a interpretação gramatical mesma necessita da técnica, entretanto, isto vale apenas para a primeira concepção provisória da conexão no espírito, que precede cada compreensão de um individual e particular enquanto tal. Isto torna a operação possível e a eleva a uma artística.

Atestada a originalidade, poder-se-ia objetar que ela não se assenta no indivíduo. 1) Nem todo escritor a possui – seguramente não. Mas então uma classe inteira constitui uma individualidade, e os indivíduos se relacionam apenas enquanto órgãos ou como manifestações individuais. 2) Ela está mais no objeto, na forma artística, do que no escritor, o estilo histórico é diferente do filosófico. *Obs.*: A tarefa que em si diz mais, a de conhecer toda forma artística através do estilo do escritor, e desta se sente capaz de um conhecimento mais exato. Pode-se até justamente saber como, p. ex., Platão teria escrito se ele tivesse escrito história. A originalidade do estilo subsiste, portanto, mesmo na diversidade das formas.

[III]

O mesmo se esclarece ainda do que se segue. Quando alguém se utiliza de certas particularidades em diferentes formas, contra o caráter destas: assim nós tomamos isto, não pela verdadeira originalidade do estilo, mas a repreendemos sob o nome de maneirismo. A individualidade do estilo, portanto, deve se deixar modificar através das formas, e, todavia, permanecer a mesma. Além disso, quando alguém utiliza o que pertence a uma originalidade estranha em sua própria forma, mas que no grosso contém produtos análogos, então, nós a reconhecemos como estranha porque esta aparece extraordinariamente afetada, o que não seria possível quando a originalidade pertencesse à forma. Isto é a origem de todo floreio, *flos orationis*.

Poder-se-ia talvez provar que os antigos teriam dito que a originalidade pessoal tinha que coincidir com a de uma determinada forma, porque nunca alguém se atreveu a ir além de uma única forma. Contra isso, não se deixam apenas colocar-se os tempos modernos, onde se busca o contrário e se pressupõe nele apenas um talento subordinado quando se manifesta apenas através de uma forma, mas pode-se descobrir também o fundamento da oposição. A saber, nos antigos se evidencia em geral mais o nacional; por isso eles se detinham naquelas formas em que ele estava depositado em vista de certas circunstâncias, e na perfeição do que é mecânico nestas formas, que exige um exercício excludente. Em nós, ao contrário, é a individualidade que deve sobressair e ser vista. Por causa disso se deseja torná-la explícita através de múltiplos aspectos e renuncia-se à completude mecânica.

Por isso a unidade individual permanece o mais importante, o resto deve se encontrar junto.

*Da descoberta da unidade do estilo*

*Lei*. Cada escritor tem seu próprio estilo. Exceções daqueles que não têm em geral nenhuma individualidade. Estes configuram, porém, em conjunto uma (individualidade) coletiva.

*Determinação.* Agora, visto que esta unidade não pode ser apreendida como um conceito, mas apenas como uma intuição: assim se deixam determinar, primeiramente, somente os pontos-limite. Estes são: em primeiro lugar, a originalidade da composição, da articulação global; e a originalidade do manejo da língua, em vista da "descoberta" da individualidade, como a última. *Comentário*. 1. Que aquela deva ser a primeira, decorre da natureza da operação hermenêutica, que deve começar pela percepção do todo. Ignora-se esta, porém, em geral e se começa pela segunda. Mas, os julgamentos sobre o emprego pessoal da língua são inteiramente não confiáveis, se eles não resultam da analogia com a composição, e vão seguidamente demais no detalhe. 2. Estes dois extremos abrangem igualmente o todo. Não há no estilo senão a composição e o manejo da língua. 3. Estes dois elementos também não podem simplesmente ser considerados como opostos. Pois, os pensamentos, os quais são propriamente os elementos da composição, são também parte dos meios de exposição, linguagem efetiva. Inversamente, a linguagem se torna frequentemente elemento essencial da composição.

[IV]

*Método*. Duplo. Através de comparação com outros, e através de consideração em e por si. Considera-se o primeiro como o melhor, mas não se necessita dele na fisionomia e análogos. Ele deve novamente despedaçar o todo para procurar as partes correspondentes nos outros e é, portanto, nulo. [N.B.: O começo deveria ter sido feito com o método de consideração em e por si.] Pode-se empregá-lo apenas enquanto meio para a atenção, para encontrar o que melhor indicará a originalidade. Mas para isso uma comparação com o todo é melhor que uma comparação com um outro caso singular, o todo a partir do qual a originalidade, por seu princípio, separou isto ou aquilo desta ou daquela maneira. [A consideração da exclusão faz-se assim.] Então, para a configuração da língua, comparação com o inteiro domínio da língua, para a composição, (comparação) com a totalidade do objeto.

## 1. Descoberta da originalidade na composição

A passagem é em geral assim: a unidade do todo é concebida e então se vê como a ela se relacionam em linhas gerais os conjuntos individuais. Aquela mostra a ideia do autor como base, esta a sua maneira própria de apoderar-se dela e expô-la. A ideia do autor apenas garante a sua dignidade, não para sua individualidade; porém, isto se faz pela maneira como ele a apresenta. Pois, isto depende da organização particular de sua capacidade intuitiva. Uma vez alcançada a primeira visão geral, então, com isso se vai mais além nos detalhes. O grau de harmonia destes com aquela determina a perfeição do autor em sua dignidade. O tipo de execução confirma ou corrige a primeira intuição da individualidade e, assim, depois com mais exatidão.

*Primeira tarefa. Encontrar a unidade interna ou o tema de uma obra*

*Obs.*: 1. Habitualmente chama-se isto o objetivo, com injustiça. O objetivo se distancia tanto da ideia quanto mais arbítrio há na produção. Por comparação com a ideia ele pode ser algo muito subordinado e, justamente, quando se coloca sob o ponto de vista do objetivo, a ideia parece se relacionar com ele apenas como seu meio. 2. Toma-se geralmente pelo verdadeiro caminho, para se chegar a isto, a própria indicação do autor no início ou no fim. Falso. Muitos escritos indicam como objeto algo muito subordinado ao verdadeiro tema. Também, muito mais frequentemente, o objetivo é apresentado do que a ideia. Exemplos do primeiro, na literatura moderna. Dos últimos, também na antiguidade. As epopeias continham apenas o objetivo, não a ideia.

*Solução*. 1. Compara-se os pontos opostos, início e fim. [*Obs*.: A primeira visão geral começa assim tão elementar quanto possível]. Relação progressiva = caráter da composição histórica e retórica. Relação identitária = caráter da composição intuitiva. Relação cíclica = caráter da composição dialética. [V] *Precauções*: 1) Distinguir bem o que em ambos os pontos se refere ao objetivo, e o que à ideia. 2) Distinguir bem o início exato e o fim exato. a) O início do todo é também o início de sua primeira parte, o fim do todo é também o fim de sua última parte. Ex.: o fim (do Evangelho) de João poderia facilmente apenas concernir ao seu último segmento, apenas a identidade com o início mostra que ele diz respeito ao todo. b) Distinguir sobretudo os limites do todo. "Verdadeiras"[3] tolices são derivadas na *Poética*, porque se tem visto a *Ilíada* como um todo originário, assim também no *Pentateuco*, Josué. Do mesmo modo, um livro pode muito bem consistir em uma unidade de diversos todos, os quais precisam ser distinguidos uns dos outros.

2. Quando (o) início e (o) fim não manifestam, ou não suficientemente, a unidade, então, compare-se as passagens acentuadas. As identicamente acentuadas devem estar em idêntica relação com a ideia, e, por isso, desta resultar. [*Obs*.: Vê-se novamente como aqui é pressuposta a interpretação gramatical. Pois esta deve ensinar a distinguir as passagens acentuadas; bem como a outra tarefa da interpretação técnica, a saber, a determinação do emprego linguístico individual. Pois cada uma tem a sua própria maneira (de) acentuar].

*Corolário*. 1. Pode haver também composições em que nada é acentuado. Então vale o mesmo, contudo, negativamente, porque se encontra em cada pressuposição que deveria ser assim ou assim acentuada. Esta ausência ocorre: a) em tudo o que se aproxima da estrutura épica, onde, porém, como na intuição sensível imediata, nada pode se destacar; b) em uma segura e generosa simplicidade, sobretudo nas exposições práticas; c) no gracejo e na ironia breves. 2. Pode haver também aqui e ali, de propósito, passagens falsamente acentuadas intencionais, como no sarcasmo. Fornece-se a nós dicionários alemães. Estes são ao menos capazes de as encontrar. Todavia, o acento particular pode muito bem ajudar a entender a seriedade material.

3. Agora tem-se progresso mais além no detalhe e nas subdivisões da totalidade individual, para seguir de perto o acento, até se chegar ao que marca uma parada, que configura simples contexto. – Agora, quanto mais precisamente concorda a remo-

---

**3.** Palavra borrada no original.

ção dos acentos com o afastamento da ideia pressuposta, tanto mais se confirma a pressuposição. Pelo contrário, quanto mais exceções e acentos que não concordam, tanto mais desconfiança contra a pressuposição. *Corolário*. Portanto, não obstante isso, não há outra pressuposição a fazer. Isto pressupõe uma incompletude do escritor, que ele não manteve uma consciência clara sempre idêntica de sua ideia, mas (que) ele se deixou levar por outras coisas, as quais a seguir sempre se deve levar em consideração.

*Segunda tarefa. Encontrar a originalidade da composição*

*Comentário.* Somente ela é o verdadeiro subjetivo. Um escritor pode concretizar sua originalidade através de mais ideias inteiramente diferentes. Por uma e mesma ideia, dois escritores diferentes chegam a originalidades inteiramente distintas.

*Solução.* 1. Há dois caminhos, o da intuição imediata e o da comparação com outros. Nenhum dos dois se sustenta sozinho. A intuição imediata não alcança a comunicabilidade; a comparação nunca alcança a verdadeira individualidade. Deve-se unificar ambas através da referência à totalidade do possível. 2. Busca-se esta totalidade do possível, a qual, seguramente, se alcança apenas através da comparação sensata dos indivíduos. 3. Vê-se, agora, como se pode encontrar conjuntamente, a partir dessa totalidade, os conjuntos principais do que deve ser esclarecido. A originalidade é, no todo e no individual, a regra intuitiva desse mútuo pertencimento.

*Comentário.* 1. O que se deve descobrir previamente é a totalidade do que se encontrava à disposição deste escritor. Faz-se necessário, portanto, manter-se nos limites da natureza e da época. [Onde o autor agiu sobre esta de maneira criativa se encontrará por si mesmo.] A individualidade nacional e secular é a base da pessoal. P. ex.: Não se pode falar, acerca dos antigos dramaturgos, que as nossas composições características e a sentimentalidade dos líricos seriam preceitos para eles. [*Obs*.: Portanto, o escritor deve ser compreendido apenas a partir de sua época]. 2. Encontra-se esta totalidade: a) através de comparação do que é contemporâneo e semelhante; b) como ajuda toma-se a analogia do estranho e anacrônico, pelas regras gerais de combinação. P. ex.: Se nós tivéssemos apenas um historiador hebraico, nós poderíamos encontrar a totalidade a partir dos poetas. 3. Vira-se o procedimento agora, em diversos graus, para os lados opostos, às vezes mais para a comparação com os individuais, às vezes mais para a intuição imediata. Ambos, sob que condições? *Resultado.* A originalidade enquanto unidade não é restituída; permanece sempre algo não descritível, o que pode ser indicado apenas como harmonia. Os pontos de vista principais, porém, são os seguintes: 1. A maneira própria como o escritor configura a sua ideia, as atitudes literárias materiais são, no geral, conhecidas através de seleção e arranjo; 2. A propensão para o rigor ou graciosidade na composição, a atitude literária formal é conhecida no geral em referência ao que a preenche e aos liames do conjunto dos detalhes. *Obs.*: A maioria toma isto pelo caráter da individualidade da época. Isto é justificado, em geral, apenas ali onde a carência é a causa do rigor, ou o luxo e a delicadeza a causa da graciosidade. Exemplos de grandes diferenças simultâneas. 3. O desvio em relação ao próprio curso objetivo de pensamento, através da influência da representação do estado de espírito ou movimento de pensamento do leitor, ou da popularidade da composição. [*Obs.*: Muitos tomam isto pelo caráter do gênero; porém, ele se encontra como elemento em todos os gêneros. Também se deve, seguramente, levar em consideração o quanto o objeto dá a pensar ou não a um determinado público. A divisão em obra e escritos de ocasião é o aspecto mais importante neste ponto. O mesmo se encontra agora inteiramente também nos detalhes. Eles não são, porém, espécies subordinadas. Platão e Lessing eram inteiramente escritores de ocasião, [na literatura alemã houve um tempo em que seria tomado por uma presunção querer ser diferente], agora qualquer mendigo quer escrever uma obra. A tendência para uma ou para a outra, portanto, está no caráter.

*Aplicação ao N. Test.*

Confira outros títulos da coleção em

livrariavozes.com.br/colecoes/pensamento-humano

ou pelo Qr Code

Conecte-se conosco:

**f** facebook.com/editoravozes

**◎** @editoravozes

**𝕏** @editora_vozes

**▶** youtube.com/editoravozes

**◯** +55 24 2233-9033

www.vozes.com.br

Conheça nossas lojas:
www.livrariavozes.com.br

Belo Horizonte – Brasília – Campinas – Cuiabá – Curitiba
Fortaleza – Juiz de Fora – Petrópolis – Recife – São Paulo

**EDITORA VOZES LTDA.**
Rua Frei Luís, 100 – Centro – Cep 25689-900 – Petrópolis, RJ
Tel.: (24) 2233-9000 – E-mail: vendas@vozes.com.br